AF288380

Roberto De Simone
click, like & follow

Dieses Buch ist
Anna Klara und Sergio Luis
gewidmet

Roberto De Simone

click, like & follow

Online-Marketing für
Kunstschaffende und Kreative

bramann.

Bibliografische Information der Deutschen Nationalbibliothek:
Die Deutsche Nationalbibliothek verzeichnet diese Publikation in der
Deutschen Nationalbibliografie. Detaillierte bibliografische Daten sind
im Internet einsehbar unter http://dnb.d-nb.de.

Typografie und Layout
Margarete Bramann

Umschlagabbildung
Photo © by Umberto on Unsplash

Druck und Bindung
ScandinavianBook, Druckhaus Nord
Printed in Denmark 2022

ISBN (Print) 978-3-95903-018-2
ISBN (EPUB) 978-3-95903-110-3

Printed matter
5041-0856

Inhalt

Vorwort

Seit 20 Jahren arbeite ich mit Künstlerinnen und Künstlern aus verschiedenen Ländern zusammen, organisiere für sie ihre Social-Media-Aktivitäten, administriere Webseiten, erstelle und pflege Online-Werkverzeichnisse. Neben der rein digitalen Arbeit berate ich meine Kunden in den Bereichen Betriebswirtschaft und strategische Fragestellungen. *click, like & follow* ist ein Buch, das ich mir für meine eigene Arbeit immer gewünscht habe – inklusive zahlreicher und hilfreicher Tipps.

Dieses Buch bietet nicht nur allgemeine Einblicke in die heutige digitale Medienlandschaft, sondern berücksichtigt auch die unterschiedlichen Anforderungen an das Online-Marketing je nach Entwicklungs- und Etablierungsniveau, künstlerischer Ausrichtung oder Spezialisierung.

Wer den Beruf eines Kunstschaffenden wählen möchte oder bereits gewählt hat, steht nicht erst seit den Corona-Jahren vor der Herausforderung, online kommunizieren zu müssen. Für Kreative ist eine erfolgreiche Existenz von der optimalen Nutzung der Online-Marketing-Kanäle abhängig. Vor dem Internetzeitalter waren TV, Radio, Zeitung und andere Printmedien die dominanten Wege zur Verbreitung von Inhalten und Informationen. Im Rahmen der digitalen Transformation sind nun Social Media sowie Content- und andere Online-Plattformen hinzugekommen.

Gerade zu Beginn einer künstlerischen Laufbahn fehlt häufig das Geld, um Social-Media-Aktivitäten zu delegieren, oder es mangelt an Kenntnissen und Fähigkeiten, die Online-Welt selbst aktiv zu gestalten. Oftmals nutzen etablierte Künstler zwangsläufig professionelle Hilfe, um ihren Aufwand für das Online-Marketing möglichst gering zu halten – sei es durch eigene Mitarbeiter oder spezialisierte Agenturen.

Online-Kanäle und Plattformen dokumentieren – als Video, Audio, Bild oder Text – in digitaler Form die Laufbahn, den Output und das laufende Werk eines Kreativen oder eines Künstlers. Dabei nimmt die eigene Webseite (hier im Buch ›Personal Homepage‹ oder verkürzt auch nur ›Homepage‹ genannt) eine besondere Rolle ein. Als immer verfügbare und kostenlose ›Online Broschüre‹ gewährt sie Einblicke in das eigene Schaffen und ist als Online-Medium nicht mehr wegzudenken.

Doch bevor Marketingaktivitäten in die Wege geleitet werden, sollten Kunstschaffende sich fragen:

➤ *Wen möchte ich erreichen?*

➤ *Welche Inhalte möchte ich mit meinen Zielgruppen teilen?*

➤ *Über welche Kanäle möchte ich mit ihnen in Verbindung treten?*

Erst dann sind sie in der Lage, möglichst passgenaue Inhalte zu publizieren.

Abbildung links:
Logos aller Unternehmen, Online-Services und Tools, die in diesem Buch thematisiert werden (alphabetische Auflistung im Anhang auf Seite 161)

Darüber hinaus geht es auch um Fragen des daily business.

> *Wie organisiere ich meine Online-Aktivitäten?*

> *Welche Tools und Systeme erleichtern mir die Routinearbeiten?*

> *Mit welchen Kommunikationsformen erziele ich die besten Ergebnisse?*

> *Was erfordert ein einzelnes Projekt?*

> *Was mache ich nur einmal? Was verlangt wiederkehrende Tätigkeiten?*

> *Welche Möglichkeiten bieten sich für interessante Postings?*

Dieser Ratgeber beschäftigt sich in erster Linie mit den Organisations- und Management-Aspekten von Online-Marketing für Kunstschaffende. Er versteht sich als Leitfaden für ein persönliches Online-Marketing. Es geht um Grundwissen, das die eigene Kompetenz stärkt – und damit die Unabhängigkeit von Meinungen und Entscheidungen Anderer. Wesentlich sind auch die ästhetischen Aspekte, die es bei der Erstellung einer Personal Homepage zu klären gilt und die für ein aussagekräftiges Mitarbeiter- oder Agentur-Briefing unerlässlich sind.

Wer dieses Buch lesen sollte

Das Buch wendet sich an Personen mit künstlerisch-kreativen Ambitionen oder künstlerisch-akademischen Laufbahnen und deren ›Wegbegleiter‹.

Berufsanfängerinnen / Berufsanfänger   Sie erhalten eine Übersicht über das Umfeld des Online-Marketings und können nach der Lektüre gezielt die ersten Schritte unternehmen.

Aufstrebende Künstlerinnen und Künstler   Sie können bisherige eigene Strategien überprüfen und weitere Schritte planen und in die Wege leiten.

Spitzenkünstlerinnen und Spitzenkünstler   Von der Kritik gefeiert zu werden, ist das Eine. Ein solides Online-Marketing zu betreiben, ist etwas Anderes. Eine eigene Untersuchung (siehe Kap. 1.2) zeigt, dass hier noch bei vielen Künstlern ›Luft nach oben‹ besteht.

Spezialisten im Bereich Online-Marketing   Online-Marketing-Profis mit einem Fokus auf Personal Brands oder Online-Content sowie Künstlern und anderen Kreativen des öffentlichen Lebens, bietet *click, like & follow* einen Fundus für neue Impulse, Ideen und Prozesse.

Content-Produzenten   Produzenten von digitalen Inhalten mit einem Fokus auf Kreative und deren Werke hilft dieses Buch, die spezifische Sichtweise von Kunstschaffenden zu verstehen und effektiver mit dieser Klientel umzugehen.

Künstleragenturen und Galerien   Für alle, die Künstler managen oder beruflich unterstützen, bietet dieser Ratgeber eine berufsbezogene Orientierungshilfe zum Thema Online-Marketing.

Das Buch ist aus Sicht der deutschen, europäischen und westlich-amerikanisch geprägten Online-Kultur geschrieben. Vor allem im Silicon Valley, sind die Tools und Techniken, die Ideen und Erfindungen des Online-Marketings entstanden. In Regionen wie beispielsweise Saudi Arabien, Nordafrika, Südostasien oder Ozeanien gibt es neben den üblichen globalen Playern wie Google, Twitter und Meta zum Teil eigene lokale Social Networks. Mit TikTok tritt erstmals und vor allem sehr erfolgreich ein chinesischer Anbieter in das globale Social-Media-Game ein.

click, like & follow thematisiert alle relevanten Aspekte für ein solides Online-Marketing. Da es sich dabei um eine recht fluide Angelegenheit handelt, müssen wir stetig mit Anpassungen und Veränderungen rechnen. In diesem Sinne ist das Buch eine Momentaufnahme der Möglichkeiten im Jahr 2022. Weitere überarbeitete Auflagen mögen folgen.

Roberto De Simone *Köln, Mai 2022*

1 Online-Marketing

Unter Online-Marketing fasst man alle Maßnahmen zusammen, die digital durchgeführt werden, um definierte Marketingziele zu erreichen. Die Ziele hängen von der jeweiligen Situation der Kunstschaffenden und deren Ansprüchen ab und können sein:

> *Steigerung der eigenen Bekanntheit,*
> *Online-Geschäfte mit Kaufabschluss,*
> *Höhere Streaming-Raten.*

Online-Marketing-Strategien sind längst obligatorisch und kein Nebenschauplatz des Marketings mehr. Doch noch immer verlassen sich ›digital immigrants‹, die nicht mit den digitalen Technologien aufgewachsen sind und daher nicht selbstverständlich mit ihnen interagieren, zu sehr auf die klassischen Medien und deren Marketing-Tools wie Pressearbeit, Berichterstattung etc. Dabei zeichnet sich das Medium Internet durch zahlreiche Möglichkeiten und Kommunikationsformen aus:

Multimedialität Kombination von Video, Bild, Text und Ton.

Interaktivität Eingriffsmöglichkeiten für den Nutzer wie Steuerung des Informationsablaufs, Eingabe eigener Daten, Austauschmöglichkeiten mittels Social Media, Homepage etc.

Individualisierbarkeit Individuelle Konfigurierbarkeit seitens der Nutzer, beispielsweise durch Anlage von Interessen und Profilfotos.

Aktualisierbarkeit Jederzeitige Möglichkeit der Anpassung und Korrektur von Informationen jeglicher Art.

Permissivität Orientierung an den Wünschen des Nutzers. Der Nutzer entscheidet darüber, was er erfahren möchte.

Emotionalität Das Zusammenspiel von Interaktivität, Individualisierbarkeit und Permissivität bewirkt positive Emotionen. Das Internet entwickelt sich so zu einem emotionalen Medium mit hoher Bindungsfähigkeit.

Überall-Verfügbarkeit Rund um die Uhr, an 365 Tagen im Jahr und gleichzeitig überall erhältlich; all das erfüllt den Wunsch nach Convenience auf Seiten der Nutzer.

Automatisierung Anlage von Standardvorgängen im Rahmen der Informations- und Kommunikationsphasen mit Fans, Agenturen und Medien.

1.1   Zwischen Kunst und Kommerz

Bildende Künstlerinnen und Künstler generieren ihre Einnahmen aus mehreren Quellen. Vier von ihnen sind:
- Verkäufe von Originalwerken (Unikate, Editionen),
- Verkäufe über Galerien und Agenten,
- Auftragswerke,
- Kommissionsgeschäfte.

Musikerinnen und Musiker haben andere Umsatzquellen, beispielsweise:

- Live-Auftritte,
- Merchandising,
- Studiomusik,
- Lizenzierung,
- CD- und DVD-Verkäufe,
- Online-Streams,
- Gastspiele auf Galas oder sonstigen Events.

Eine Funktion des Online-Marketings besteht darin, auf die ›Treiber‹ der eigenen Einnahmequellen positiv einzuwirken. Denn mit Hilfe digitaler Tools kann man pro-aktiv mit seinen Zielgruppen kommunizieren. Mit einem strukturierten Online-Marketing-Konzept wendet man sich regelmäßig an die eigene Umgebung bzw. die eigenen Follower.

Vielen Kunstschaffenden ist dies zu bemüht oder sogar zu einschmeichelnd, und es entspricht ihrer Meinung nach auch keiner selbstbewussten künstlerischen Haltung. Anderen fehlt das Know-how. In diesem Fall könnte man sich zwar externe Unterstützung holen, doch dadurch ist man vertraglich an einen Dienstleister gebunden und muss mit nicht unerheblichen Kosten rechnen.

Lauter grundsätzliche Fragen müssen gestellt und beantwortet werden. Aber schnell wird klar: Ein effektives Online-Marketing lässt sich nicht ohne eine gewisse organisatorische oder kommerzielle Herangehensweise betreiben. Planung und Strukturiertheit sind nötig – selbst wenn dies dem eigenen Wesen mit vornehmlich freier Arbeitseinteilung und intuitiv-kreativer Arbeitsweise oftmals entgegensteht.

Bei Null anfangen, pro-aktiv handeln, Einblicke in das eigene Leben erlauben, die Selbstvermarktung eigener Werke in die Hand nehmen – das sind nur einige der Handlungsweisen, die man als Nutzer von Content-Plattformen und sozialen Netzwerken (engl. Social Networks) anwenden muss.

┌─ TIPP

Seien Sie ehrlich zu sich selbst! Wenn Organisation und Durchführung von Online-Marketing nicht zu Ihren Stärken gehören, dann holen Sie sich externe Unterstützung.

1.2 Studien zum Thema ›Online-Marketing der Spitzenkünstler‹

Leider gibt es keine ausführlichen Fremdstudien zum Thema. Da aber der Autor des Buches nicht nur an umfangreichen Personal Homepages mitgearbeitet, sondern auch vollkommen neue Webseiten kreiert hat, stellte er sich die Frage: »Gibt es – sowohl gestalterisch als auch in inhaltlicher Hinsicht – Benchmarks im jeweiligen künstlerischen Genre?« Um dies zu beantworten, wurden Websites und Social-Media-Aktivitäten von 100 zeitgenössischen, international wirkenden bildenden Künstlern sowie 60 Film- und TV-Schauspielern aus Deutschland analysiert und ausgewertet. Die Erkenntnisse aus diesen Untersuchungen sind im Folgenden dargestellt.

TOP 100 bildende Künstlerinnen und Künstler, international

Der Kunstmarkt ist relativ transparent, sodass sich gut ermitteln lässt, wer aktuell international wie stark und wo präsent ist. Zudem gibt es sogenannte ›TOP 100 Living Artists‹-Listen, beispielsweise den *Capital-Kunstkompass, Monopol TOP 100* und *ArtFacts TOP100*, die im Rahmen jährlicher oder regelmäßiger Beiträge zu Rankings in der Kunstszene herausgegeben werden. Die Rangfolge ergibt sich aus einer Reihe von Faktoren, zu denen im Wesentlichen gehören :

- Anzahl und Relevanz der Orte von Ausstellungen,
- Organ und Medium der Presseberichte,
- Anzahl der Besprechungen.

Die einzelnen Faktoren sind an ein Punktesystem angeschlossen, welches es ermöglicht, die Namen der Künstler in einem Ranking aufzulisten. Aufgrund der Fokussierung auf die drei genannten Rankings wurde eine eigene TOP-Liste mit 116 Künstlern erstellt, wobei die Zahl 116 sich aus den in den Rankings aufgeführten Personen abzüglich der Doppelungen ergibt. Da es einen Zusammenhang zwischen Qualität und Tiefe eines Werkes und dessen nachweisbarer Präsenz im Kunstmarkt gibt, ist es legitim, bei diesen Rankings auch von ›Spitzenkünstlern‹ zu sprechen. Unter ihnen findet man alle großen lebenden internationalen Namen der zeitgenössischen Kunstszene. Eine Aussage über die Qualität der Kunst (oder einzelner Werke) wird in den Rankings allerdings nicht getroffen. Für die eigene Untersuchung (siehe Anhang, Punkt 1) wurden ausschließlich quantitative Merkmale ausgewertet und dargestellt, unter anderem:

- Aktualität und Vollständigkeit,
- Ergonomie (responsives Layout etc.),
- Design, Look-and-feel,
- Nutzung der Social-Media-Accounts,
- Realisierung und Qualität eines Online-Werkverzeichnisses.

Als Fazit kann man festhalten: Der Prozess der digitalen Transformation in der internationalen Kunstszene mit den Kernelementen Webseite, Content-Plattformen, Social Media und Online-Werkverzeichnis ist noch lange nicht beendet. Daher kann von keinem klaren Standard gesprochen werden. Die wichtigsten Ergebnisse sind:

1. Nur rund 20 Prozent der untersuchten Künstler nutzen Social-Media-Profile zur digitalen Selbstdarstellung. Bei den Jüngeren dürfte der Anteil jedoch deutlich höher ausfallen.
2. Etwas weniger als die Hälfte (47 Prozent) betreiben eine eigene Webseite.
3. Knapp ein Fünftel (22 Prozent) der lebenden Spitzenkünstler haben ein Online-Werkverzeichnis.
4. Nur zwölf der 116 Webseiten sind sehr positiv aufgefallen. In alphabetischer Reihenfolge sind dies die von Andreas Gursky, Damien Hirst, Ed Ruscha, Gilbert & George, Jeanne-Claude Chisto, Olafur Eliasson, Richard Long, Prince, Sean Scully, Tony Oursler und Ugo Rondinone.

TOP 60 Film- und TV-Schauspielerinnen und Schauspieler, Deutschland

Eine ähnliche eigene Studie untersucht 60 der bekanntesten in Deutschland arbeitenden Film- und TV-Schauspieler; auch hier ging es um die Personal Homepage und die Nutzung von Social-Media-Kanälen. Die Auswahl erfolgte aufgrund unterschiedlicher Rang- und Toplisten im Internet und in der deutschen Presselandschaft. Die Resultate sind zwar nicht identisch, aber im Kern vergleichbar mit der die bildende Kunst betreffende Untersuchung. Auch hier zeigt sich, dass der Prozess der digitalen Transformation noch lange nicht abgeschlossen ist. Man kann sogar feststellen, dass die Gruppe der Schauspieler nochmals deutlich weniger digital unterwegs ist als die Gruppe der bildenden Künstler international. Hier einige Detailerkenntnisse:

1. Knapp ein Drittel der Spitzen-Schauspieler, exakt 21, betreiben eine Personal Homepage. Davon kann der überwiegende Teil als gut bis sehr gut bezeichnet werden.

2. Die Social-Media-Nutzung beschränkt sich sehr stark auf Facebook und Instagram, die von knapp 30 Prozent aktiv genutzt werden. Starken Nachholbedarf kann man bei YouTube erkennen. Dabei ist gerade für Schauspieler das Video das zentrale Content-Format; denn keine Online-Plattform leistet Vergleichbares.

3. Besonders positiv und mit der Höchstnote 1 bewertet wurden die Websites von Martina Gedeck, Daniel Brühl und Henning Baum.

Das Wichtigste auf einen Blick

➤ Gestalten Sie Ihren digitalen Auftritt selbst, und überlassen Sie das Thema nicht Influencern, Redakteuren oder anderen Personen in Ihrer Community.

➤ Am Anfang braucht man etwas Mut und den Willen, sich stetig weiterentwickeln und verbessern zu wollen.

➤ Es ist nie zu spät, um mit dem Selbstmarketing zu starten. Dies gilt selbst für Profis und Stars.

2 Zielgruppen

Für ein effektives Online-Marketing sollte man seine relevanten
Zielgruppen kennen: Käufer, Besucher und Fans. Anschließend
stehen Fragen nach dem gestern (bestehende Verbindungen),
heute (Neugierige) und morgen (mögliche Interessenten) auf
dem Plan:

> *Wer sind bereits meine Follower?*
> *Wer interessiert sich für meine Werke?*
> *Wen möchte ich mit meinen Online-
> Aktivitäten zusätzlich ansprechen?*

Jede Künstlerin und jeder Künstler hat ein je spezifisch zusam-
mengesetztes Publikum. So unterschiedlich wie die Künstler
selbst, so verschieden sind auch die Zuschauer. Aber ist es denn
ein sinnvoller Weg – für eine unbestimmte und gemischte Gruppe
eine Personal Homepage zu erstellen und zu betreiben? In der
Werbung gilt die Maxime ›je konkreter, desto effektiver‹. Warum
nicht auch in der Kunstszene? Warum gibt es keine Klassifikation
von Personengruppen, mit denen man in Kontakt steht oder zu
denen man Kontakt sucht? Im Folgenden sei gerade dies versucht: die Untergruppen des eigenen Publikums vollständig zu
identifizieren und – falls nötig – weiter zu unterteilen und zu
beschreiben.

Hochgestreckte Hände, die Handys halten und Live-Videos von einem Event machen

Schnell dürfte klar sein, dass man nicht alle Gruppen gleichermaßen im Blick haben kann; bestenfalls kann man sie zusammenfassen. Denn was für die eine relevant ist, ist für die andere
unbedeutend. Und so gilt es zu priorisieren und sich zu be-
schränken. Welche Gruppe soll primär – auch emotional – mit

welchem Content wie angesprochen werden? Was ist für die Gruppe nötig und attraktiv? Danach richtet sich unter anderem die Informationsarchitektur und das Design der Personal Homepage, auf der neben einer ›Kernansprache‹ durchaus für unterschiedliche Gruppen diverse Informationen durch verschiedene Menü(unter)punkte angeboten werden können, unter anderem:

- Demo-Reel für Booking-Agenturen oder Agenten,
- Pressemappen für Journalisten und Kritiker,
- TechRider für Veranstalter,
- Portfolio aktueller Werke für Galeristen und Sammler bzw. Agenten,
- Discographie für Musikverleger, Bandmitglieder oder Verleger u.a.m.

TIPP

Wenn Sie viele Zielgruppen bedienen, müssen Sie priorisieren. Richten Sie Ihr Marketing nach Ihrer Kernzielgruppe aus, aber ohne weitere Zielgruppen aus dem Blickfeld zu verlieren.

2.1 Der Fan

Der Fan steht im Fokus aller Aktivitäten. Fans sind Ihre Leser, Zuschauer, Zuhörer oder Besucher und Follower. Die wichtigsten Fans aber sind die Konsumenten: Menschen, die Zeit und Geld mitbringen, um Sie anzuschauen oder zu erleben. Fans lassen sich relativ gut zählen, und jeder Künstler sollte eine ungefähre Vorstellung davon haben, wie viele Fans er hat. Typische ›fan-spezifische‹ Zahlen im Umfeld des Online-Marketings sind:

Fans vor einer Bühne während eines Musikkonzerts

- Follower in Social-Media-Kanälen,
- Besucher der Personal Homepage,
- Größe des Newsletter-Verteilers,
- Abonnenten des eigenen Podcasts,
- Anzahl der Verkäufe im Zeitraum x,
- Anzahl der Streams in einer Periode y.

Diese Werte lassen sich gut ermitteln bzw. stehen von den Anbietern der Online-Dienste generiert zur Verfügung, sodass man weiß, ob man eher 100, 1.000 oder 10.000 Fans hat.

Unter den bildenden Künstlern nimmt der Sammler als eine Art ›Super-Fan‹ eine Sonderrolle ein. Hier sollte man genau wissen, wer das ist, wer das sein könnte und vor allem wer das sein sollte. Denn das sind Personen, die Ihre Kunst lieben und bereit sind daür signifikante Summen zu bezahlen. Sammler können oftmals die einzige Einkommensquelle sein, ohne deren Käufe man als bildender Künstler kaum überleben kann.

TIPP

Je mehr Sie über Ihre Fans wissen, desto besser können Sie auf sie eingehen.

In der Live-Entertainment- und Musik-Szene sind sogenannte Meets & Greets nach einem Auftritt verbreitet. Hier haben ›Super-Fans‹ die Chance, für einen mitunter beachtlichen Sonderpreis den Künstler kurz zu treffen, zu sprechen und ein Foto zu machen. Richtige ›Hardcore-Fans‹ zeigen ihr Interesse an Spezial-Editionen (Special Editions) von Musik und Kunst. Wie die Sammler sind auch sie bereit, größere Beträge für kulturelle Produkte auszugeben.

2.2   Das freundschaftliche und familiäre Umfeld

Man sollte und darf den Einfluss dieser Gruppe nicht unterschätzen, die aus Mitgliedern der eigenen Familie und dem engsten Freundeskreis besteht. Gerade bei jungen Künstlern befinden sich die mitunter treuesten und aktivsten Fans im engsten sozialen Umfeld. Oftmals ist in diesem Kreis die eigene Künstlerkarriere entstanden, und immer wieder gibt gerade diese Gruppe ein wichtiges Feedback, dem man sich – sofern ein Vertrauensverhältnis vorliegt – nur schwer entziehen kann. Hinzu kommt, dass Personen aus dieser Gruppe häufig die ersten Konsumenten der eigenen Kunst sind. Oft erhält man aus diesem Umfeld wertvolle Hilfe, sei es in Form moralisch-psychologischer Unterstützung oder materieller Zuwendungen. Für manche Künstlerinnen oder Künstler gilt dies mehr, für andere weniger. Denn jeder hat ein sehr individuelles Umfeld.

Bei sehr erfolgreichen Künstlern sind häufig auch Mitglieder der Familie in Entwicklungsprozesse der eigenen Karriere aktiv involviert. So managen Eltern ihre Kinder und Geschwister sich untereinander. Ein durchaus bekanntes Phänomen, das übrigens kulturgeschichtlich unmittelbar mit der Entstehung des Phänomens ›freier Künstler‹ zusammenhängt.

2.3   Das eigene Team

Eine weitere unverzichtbare Gruppe ist das eigene professionelle Umfeld, zu dem unter anderem Manager, Booking-Agenturen, Grafiker und Online-Administratoren zählen. Diese Personen oder Dienstleister vermitteln das eigene Werk an ein interessiertes Publikum. Hinzu kommen weitere Personen, die tägliche Arbeitsprozesse unterstützen. Auch sie sind dem eigenen Team zuzurechnen. Das Team gibt wichtige neue Impulse und macht Verbesserungsvorschläge, um Abläufe und andere Prozesse weiter zu optimieren. So oder ähnlich wäre es ideal. Doch die Wirklichkeit ist oftmals komplizierter.

Teams unterliegen immer einer gewissen Team-Dynamik, die sowohl von internen als auch von externen Faktoren abhängt. Denn wo Menschen zusammenarbeiten, können Konflikte oder Missverständnisse entstehen, oder es kann andere Gründe geben, warum etwas nicht gelingt wie es geplant war. Teamarbeit bedeutet immer auch seine Fähigkeit zu fördern, mit Anregungen und Kritik angemessen umzugehen und Impulse aus der Gruppe sinnvoll für sich zu nutzen.

TIPP

Nehmen Sie Impulse aus Ihrem Team auf. Ratschläge Ihres ›Inner Circle‹ sind häufig realistischer als die von außen – und zudem preiswerter.

Jede erfolgreiche Persönlichkeit ist ab einer gewissen Popularität immer auch ein Unternehmer. Damit unterliegt sie vielfältigen Einflüssen von innen und von außen, auf die sie zum Wohle des eigenen Unternehmens reagieren sollte bzw. muss. Diese ›Spielregeln‹ gelten selbstverständlich auch für Kunstschaffende und Kreative.

2.4 Das berufliche Netzwerk und sonstige Partner

Neben dem ›Inner Circle‹ ist auch der Kreis an Menschen aus dem professionellen Umfeld wichtig. Das sind Kontakte, die über bestehende und stabile Beziehungen vertrauensvoll angesprochen werden können. Diese Gruppe besteht aus Personen, die einen im Markt halten. Das können Veranstalter sein, Produzenten, Regisseure, Verleger u.a.m.

Verlage und Herausgeber   Verlage und Herausgeber sind vor allem für Schriftsteller und Musiker wichtige Personen. Sie sorgen für die richtige ›Verpackung‹, die richtigen Verkaufskanäle und das richtige Marketing – so zumindest das Versprechen der meisten Akteure im Markt. Wichtige Vertriebswege sind bereits etabliert und müssen nicht erst erarbeitet werden. Ein Verlag kann eine gewisse Sichtbarkeit und Verfügbarkeit garantieren. Die Verkaufszahlen lassen sich allerdings nicht exakt vorhersagen, denn das kann nicht nur von der Qualität sondern auch vom Zeitpunkt der Veröffentlichung abhängen.

Was ein Verlag für den Autor, ist ein Veranstalter für den Performer oder Musiker. Beide führen die Kunst an das Publikum heran.

Veranstalter   Musikern, bildenden Künstlern und Theaterschauspielern ist gemein, dass sie zeitgebundene Kunst produzieren. Das Werk bzw. die Kunst wird als Aufführung, Konzert, Event oder Live-Show vor einem Publikum dargeboten. Derartige Zusammenkünfte von Künstlern und Publikum müssen professionell organisiert werden, um erfolgreich zu sein. Der Veranstalter fungiert als Auftraggeber des Künstlers, dessen Arbeitsraum die Bühne ist.

Produzenten   Produzenten betreuen in der Regel die Realisierung und den Herstellungsprozess textbasierter und/oder audio-visueller Inhalte (Musik, Theater, Film etc.). Unter ihrer Leitung und Koordination fügen sich unterschiedliche ›Bausteine‹ und ein diverses Set von Spezialkenntnissen und Berufen in einem großen Gemeinschaftswerk zusammen. Produzenten tragen in der Regel das finanzielle Risiko einer Produktion. Deshalb haben sie Einfluss auf die Inhalte und auf das Booking der Künstler (welche künstlerische Leistung wird

Los Angeles County Museum of Art, 2020

von wem eingekauft). Im kommerziellen Umfeld arbeiten Produzenten immer unter Beachtung zeitlicher und budgetgebundener Vorgaben.

Regisseure und Art Direktoren Für Schauspieler ist die Gruppe der Regisseure besonders wichtig. Denn Schauspieler und Regisseur stehen in einem besonders kreativen Verhältnis zueinander. Am Drehort arbeiten sie sich im engen Austausch gemeinsam durch ein Drehbuch. Viele Regisseure bevorzugen bestimmte Schauspielerinnen und Schauspieler, mit denen sie dann immer wieder zusammenarbeiten – sei es, weil sie ein eingespieltes Team schätzen oder weil ein spezielles Genre von einem Akteur besonders gut dargestellt werden kann.

Art Direktoren bestimmen den nach außen hin sichtbaren künstlerischen ›Geschmack‹ eines Unternehmens oder einer Institution. Sie bestimmen, was realisiert und gezeigt wird beziehungsweise mit welchen Künstlern die Zusammenarbeit stattfinden soll.

Kuratoren, Ausstellungsmacher und Direktoren

Kuratoren, Ausstellungsmacher und Direktoren haben das Sagen in Museen und Theatern. Sie bringen ihre eigene berufliche Fokussierung mit, um einen vitalen kulturellen Betrieb verantwortungsvoll und erfolgreich zu betreiben.

Die ›Tastemaker‹ im Markt entwerfen neue Sichtweisen, Konstellationen und Trends und setzen sich im Rahmen ihres Auftrags auch für Künstlerinnen und Künstler ein. Kuratoren konzipieren das kulturelle Programm eines Hauses oder einer Institution und begleiten es inhaltlich. Somit haben sie oftmals großen Einfluss auf die Zusammensetzung von Ausstellungen und das Booking oder andere Formen des Engagements von Künstlern.

2.5   Presse: Journalisten und Kritiker

Der Kunstmarkt ist stark von der Presse beeinflusst. Namhafte Magazine gelten in der Kunstszene als wichtige Indikatoren und haben großen Einfluss darauf, was in welcher Form in Erscheinung tritt und wie es besprochen wird.

Die Rezension ist eine der zentralen Textformen, mit denen man von der Pressewelt rezipiert wird. Wird ein Künstler besprochen oder interviewt, steigt er in der Relevanz seines speziellen Marktsegments. Nicht nur in kultureller Hinsicht, sondern auch in Bezug auf seine Vermarktung: Denn Besprechungen von Bildern, Ausstellungen, Alben oder Büchern regen zum Ausstellungsbesuch oder zum Kauf von Werken an. Zudem vergrößert jeder neue Fan die Reichweite des Künstlers.

TIPP

Ihre Außenwirkung hängt in starkem Maße von Ihrer Darstellung in den Online-Medien ab. Gute Kontakte zu Presse und Influencern zahlen sich immer aus. Selten geschieht etwas von selbst.

In der Presse werden Events – hierzu zählen Konzerte, Ausstellungen, Lesungen oder Theater-Premieren – in Form von Anzeigen oder durch redaktionelle Beiträge angekündigt. Damit spielt die Presse eine wichtige Rolle im Bereich der Event-Vermarktung und ist für jeden Künstler essentiell.

2.6 Influencer

Influencer sind reichweitenstarke Personen, die über Social Media mit ihrer Followerschaft kommunizieren. Oftmals sind sie selbst stark vernetzt und können Türen und Tore öffnen. Unter der wachsenden Anzahl der Influencer befinden sich auch zahlreiche Künstlerinnen und Künstler.

Kooperationen mit Influencern können sinnvoll genutzt werden. Bildende Künstler können einen Influencer als Fan der eigenen Kunst aktivieren und so andere auf die eigene Kunst aufmerksam machen. Dieses Spiel lässt sich immer weiter denken, die Möglichkeiten scheinen grenzenlos.

Für Influencer muss sich der Aufwand lohnen. Die Kooperation muss für sie neben Marken- oder Image-Zielen auch einen ökonomischen Nutzen haben. Verkauft man beispielsweise ein Bild über einen Influencer und zahlt ihm einen Teil vom Verkaufserlös als Provision, lohnt sich die Kooperation für beide Seiten. Der Vorab-Aufwand für eine derartige Kooperation ist zwar nicht zu unterschätzen, aber häufig lohnenswert.

Je weiter man sich als Künstler entwickelt, desto bedeutendere und reichweitenstärkere Personen im Social-Media-Umfeld kann man ansprechen, um Kooperationen zu vereinbaren. Das sollte jeder Künstler im Auge behalten – auch um Frustration zu vermeiden. Dasselbe gilt auch umgekehrt: Manch ein Influencer würde gerne bereits zu Beginn seiner Karriere mit seinem Lieblings-Künstler eine Kooperation starten, allerdings ist das in den allerseltensten Fällen sinnvoll und möglich.

2.7 Galerien

Galerien vermitteln zwischen Sammlern und Künstlern. Sie stellen Kunst aus, um sie zu verkaufen – sei es offline über Ausstellungsräume oder online im Rahmen des Galerie-Webauftritts über spezielle Landing Pages, die eigens für die Künstler angelegt werden. Der Galerist agiert als ›Agent‹ im Sinne des Künstlers. Zudem kümmert er sich um alle Aspekte der Vermarktung der Werke. Galeristen gehen in der Regel sehr enge Kooperationen mit ihren Künstlern ein.

Bei exklusiver Betreuung wird der Gewinn aus Verkäufen mit dem Schlüssel 50:50 zwischen Galerist und Künstler aufgeteilt. Künstlerinnen oder Künstler können jedoch durchaus für jedes Land mit unterschiedlichen Galerien zusammenarbeiten, die sie vertreten.

2.8 Agenten

Agenten sind gut vernetzte Branchenkenner, die Zugang zu wichtigen Märkten und Entscheidungsträgern haben. Sie beeinflussen die Antworten auf Fragen ihrer Kunden wie:

- Sollen wir diese Band nächstes Jahr buchen?
- Soll dieser Künstler Teil der Gruppenausstellung werden?
- Soll das Buch in das Herbstprogramm eines namhaften Verlags aufgenommen werden?

Agenten können verschiedene Positionen einnehmen. So gibt es Agenten, die auf Künstlerseite agieren und deren Interessen vertreten. Oder sie stehen auf der Käuferseite und vertreten zum Beispiel Sammler und Verlage, für die sie den Markt beobachten und wichtige Informationen weiterleiten. Darüber hinaus haben sie eine wichtige wirtschaftliche Funktion, denn oftmals verhandeln sie über Preise, Honorare oder sonstige Vergütungsmodelle und halten damit den Künstlern in ökonomischer Hinsicht den Rücken frei.

TIPP

Erstellen und pflegen Sie eine Excel-Tabelle mit allen Personen, die wichtig für Ihre künstlerisch-beruflichen Ziele sind. Versuchen Sie, mit der Zeit wichtige Lücken in Ihrem Netzwerk zu schließen.

Agenten verbinden diejenigen, die verbunden werden wollen und auch sollten. Es lohnt sich, die wichtigen Agenten seiner Szene ausfindig zu machen, um gegebenenfalls mit ihnen Kontakt aufzunehmen. Für jeden Bereich gibt es spezielle Agenten, beispielsweise Presse-Agenten, Booking-Agenten, Literatur-Agenten oder Sammler-Agenten.

2.9 Hybride Marktteilnehmer

Neben den homogenen Zielgruppen trifft man häufig auf Menschen, die unterschiedlichen Zielgruppen angehören. So kann eine Person aus dem familiären Umfeld des Künstlers ebenso ein Teil des Management-Teams sein. Oder ein Produzent übernimmt zusätzlich die Rolle des Agenten, der für den Künstler immer wieder wichtige Türen öffnet. Offensichtlich und verständlich ist: Das künstlerische Umfeld ist ein people's business. Es kommt in großem Maße darauf an, wen man kennt, und wer bereit ist, zuzuhören oder Prozesse in die Wege zu leiten. Deshalb sind gute Beziehungen eher förderlich als hinderlich.

Hybride Marktteilnehmer sind oftmals besonders interessant, da sie mehrere Welten verstehen, in die sie Einblicke und zu denen sie Kontakte haben.

Das Wichtigste auf einen Blick

➤ Denken Sie daran, dass es mehr als nur den **einen** Fan gibt, auf den Sie ihre Kommunikation ausrichten.

➤ Teilen Sie Ihre Zielgruppen in drei sinnvolle Cluster ein:
   1. Fans und Follower, die Sie bereits haben
   2. Interessierte im Hier und Heute
   3. Mögliche neue Fans und Follower in der Zukunft

➤ Behalten Sie nicht nur die offensichtlichen Marktteilnehmer im Blick. Auch Agentinnen und Agenten, Kritikerinnen und Kritiker oder Direktorinnen und Direktoren können zu einem nächsten Schritt verhelfen und Türen öffnen.

3 Online-Kanäle und Online-Plattformen

Welche Kanäle und Content-Plattformen sind für welche Kunstformen relevant? Wer sind die relevanten Player im jeweiligen Marktsegment? Rund ein Dutzend relevante Online-Kanäle wird kaum ein Künstler zu Beginn seiner Karriere bespielen. Und doch dürfte es für jeden einen individuellen sinnvollen Use-Case geben, eine je spezifische Mischung, die man sich selber ›erarbeitet‹ hat – vergleichbar einem Cocktail, den man für seine Freunde und sich selbst gemixt hat. Je nach Popularität wird man weiter experimentieren (müssen), denn tendenziell gilt: Je bekannter man wird, desto mehr Kanäle sollte man bespielen. Hinzu kommen bei internationalen Künstlern die unterschiedlichen Sprachen und schnell wird das Online-Marketing zu einer großen Herausforderung.

In der Sparte Spitzen-Popmusik hört man von Künstlern mit Teamgrößen im unteren dreistelligen Bereich, die allein für die Bereiche Social Media und Content-Management zustän-

TIPP

Wachsen Sie in Ihre Online-Szene hinein. Step by step. Nur so entsteht Ihr spezifischer Follower-Mix. Fake Follower oder andere ›shortcuts to fame‹ sind absolute No-Gos.

dig sind. Das sind allerdings deutliche Ausnahmen. Doch man kann erahnen, wohin die Reise als internationaler Star gehen kann.

Anfänger sollten ihr Online-Umfeld Schritt für Schritt aufbauen, um sich nicht zu verzetteln. Ein Social-Media-Account und eine Personal Homepage (siehe Kap. 6) spielen hierbei eine wesentliche Rolle.

Wichtig ist, dass jeder ausgewählte Online-Kanal auch regelmäßig mit Inhalten bespielt wird. Denn ein inaktiver Social-Media-Kanal bietet kein gutes Bild. Ein Beitrag pro Kanal und Monat kann ein gefühlter Mindestwert sein. Mehr ist nur dann wirklich mehr, solange man seine Follower mit relevanten Inhalten auf dem Laufenden hält. Aber man muss auch experimentierfreudig sein. Nur so kann man neue Inhalte entdecken, die für das eigene Online-Marketing wichtig sind. Neben dem Erstellen und Verbreiten von Inhalten sollte man die Statistiken zu Reichweite und Interaktionsrate eines Beitrags im Auge behalten und ein Gefühl dafür entwickeln, was gut ankommt und was eher nicht.

—— TIPP

Bespielen Sie Ihre Online-Kanäle regelmäßig. Inaktive Kanäle werfen ein schlechtes Bild auf Sie.

Trotz zahlreicher Möglichkeiten in der digitalen Welt müssen aber auch weiterhin die klassischen Medien und Werbeträger mit ihren jeweils eigenen Regeln, Zugängen und Playern berücksichtigt werden:

- TV (Öffentlich Rechtlich & Privat),
- Radio (Öffentlich Rechtlich & Privat),
- Presse (Tageszeitungen, Fachpresse, Magazine),

- Ephemera (Plakate, Flyer, Folder, Prospekte etc.),
- Außenwerbung u. a. m.

Die neuen Medien haben die alten Medien nicht ersetzt, sondern ergänzt. Nur zum Teil sind sie originär neu, denn zum Teil haben alte Medien sich im Rahmen von Prozessen, die man mit dem Begriff digitale Transformation bezeichnet, im Internet neu erfunden. So wurden aus TV und Radio Netflix, Spotify sowie andere Online-Mediatheken und Streaming-Plattformen. Mediale Inhalte wurden hier aus ihrer Linearität befreit. Man muss keine Sendungen mehr live anschauen oder hören, sondern kann die Inhalte nun jederzeit im Web abrufen oder über Social Media individuell zuspielen oder weiterleiten.

3.1 Video-Plattformen

›Video is King‹. Bewegtbilder gibt es überall. Sie sind das am meisten konsumierte Medienformat. Die Massenmedien TV, Home Video und Kino haben diesen Trend bereits vorweggenommen. Webbasiert wird der Siegeszug des Videos nun fortgeführt. Video ist ein elementarer Bestandteil in nahezu allen sozialen Netzwerken. Hier eine kurze Übersicht wichtiger Anbieter:

YouTube Mit integriertem Social Network. Nutzer haben eigene Profile, können Likes abgeben, kommentieren und sie folgen sich gegenseitig, um so immer auf dem Laufenden zu bleiben.

Vimeo Relevant für die Szene der Kurzfilme mit einem hohen ästhetischen und künstlerischen Anspruch.

Instagram Bei flüchtigem Hinschauen eine Bildplattform, aber im Grunde eine gigantische Video-Maschine mit Funktionen wie Insta LIVE, IGTV, Stories und Reel.

Facebook Nicht nur stark in den Bereichen Text und Bild, sondern auch in Sachen Video und Live-Streaming.

Twitch Gehört heute zum Amazon-Imperium und ist vor allem in der Gaming-Szene die führende Plattform für Live-Video-Streamings.

Twitter Dient u.a. zur viralen Verbreitung von Videos (auch von YouTube) und anderen Inhalten.

Snapchat Als erstes Video-Social-Network ist Snapchat bis heute auch bei jüngeren Internetnutzern nach wie vor sehr beliebt (insbesondere in den USA).

TikTok Erstes global erfolgreiches Video-Portal, das nicht aus dem Silicon Valley stammt. TikTok wurde von einem chinesischen Internetanbieter übernommen und seitdem erfolgreich global weitergeführt. Die Plattform konzentriert sich auf die Verbreitung von kurzen clip-artigen Videos, die alle Bereiche der Unterhaltung abbilden. Ein Algorithmus lernt die Vorlieben der Nutzer zu kennen und spielt diesen immer passgenau Videoclips zu. Das Ganze ist eingebettet in ein Social Network mit klassischen Follow- und Like-Funktionen.

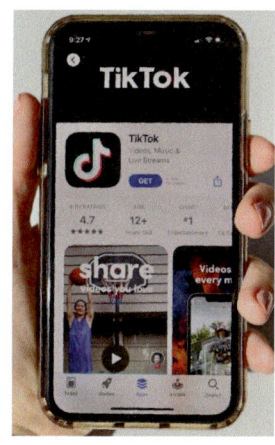

TikTok-App im AppStore von Apple auf einem iPhone

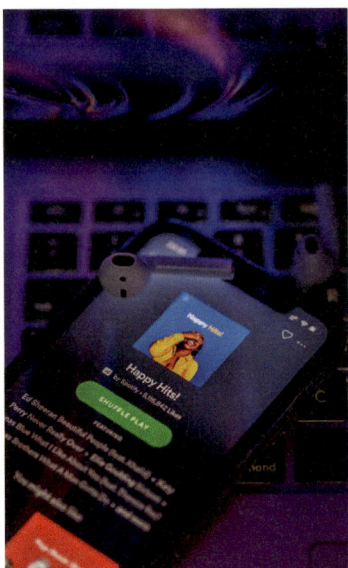

Spotify App auf einem iPhone zusammen mit Apple AirPods Gen 1.

3.2 Audio-Plattformen

Die beiden großen Audioformate, die im Rahmen des Online-Marketings eine Rolle spielen, sind Musik und Podcast – eine Serie von meist abonnierbaren Medienbeiträgen, zum Beispiel Interview-Mitschnitte von Radio- oder Musiksendungen. Wichtige Online-Streaming-Plattformen sind Spotify, SoundCloud, Apple Music und Apple Podcast.

Modern produzierte Podcast-Formate werden heute mit Hilfe von speziellen Online-Distributions-Tools wie beispielsweise Anchor (anchor.fm) auf die verschiedenen Podcast-Plattformen gleichzeitig hochgeladen. So spart man bei der Vielzahl relevanter Plattformen viel Arbeit sowohl beim Upload als auch bei der Erstellung von Titeln und Inhaltsbeschreibungen, da diese Tätigkeiten nur einmal gemacht werden müssen.

3.3 Foto- und Bild-Plattformen

Instagram als Bild- und Foto-Plattform mit integrierten Social-Media-Funktionen ist für alle Künstler hochrelevant. Bilder und Videos können direkt aus der Handy-Galerie hochgeladen und mit einem Fotofilter versehen werden. Vor allem die jüngere Generation, die sogenannten Millennials, dürfte nahezu hundertprozentig mit eigenen Profilen auf Instagram zu finden sein.

Bildende Künstlerinnen und Künstler, die ihre Kunst verstärkt mit Online-Portfolios darstellen, nutzen bereits seit vielen Jahren vergleichbare Plattformen. Nach wie vor sind Flickr oder Google Fotos unter Fotografen als offene Plattformen beliebt. Über Foto-Plattformen wie Getty Images, iStockphoto, Adobe Images u. a. m. können Fotos für unterschiedliche Zwecke lizenziert werden. Die jeweilige Plattform vermittelt hierbei zwischen Fotografen und Lizenznehmern.

Pinterest auf Laptop-Screen

Ähnlich wie Instagram ist Pinterest eine digitale Plattform mit integriertem Social Network. Unter den Foto- und Bild-Plattformen ist Pinterest eine wichtige Suchmaschine mit Appetizing-Funktion.

3.4   Social-Media-Kanäle

Social-Media-Kanäle (siehe Kap. 5) sind aus der alltäglichen Kommunikation eines jeden Künstlers nicht mehr wegzudenken. Facebook, Instagram und Twitter sind die wichtigsten Kanäle, dicht gefolgt von TikTok und Pinterest. YouTube ist ebenfalls ein wichtiges Social Network mit Fokus auf Video; das gleiche gilt für Pinterest mit Fokus auf das Bild. Je nach Affinität und Möglichkeit sollte man möglichst auf allen relevanten Social Networks vertreten sein.

3.5 Suchmaschinen

Google ist unumstritten die Nummer 1 unter den Programmen, die das World Wide Web nach Dokumenten und Dateien durchsuchen. Danach folgt lange nichts – bevor die Namen Bing und DuckDuckGo fallen. Dies gilt zumindest für die westlich geprägte Welt. Um jedoch bei Google mit eigenen Inhalten, die in der Personal Homepage und den Social-Media-Profilen stehen, im Ranking ›weit oben‹ gefunden zu werden, sind unter anderem folgende Kriterien zu beachten:

> ➤ *Alter der Homepage und der Domain.*
> *Je länger eine Homepage existiert,*
> *desto besser für das Ranking.*

> ➤ *Größe der Datenmenge.*
> *Wie viele Inhalte werden gezeigt?*
> *Je mehr, desto besser für das Ranking.*

> ➤ *Aktualität.*
> *Wie relevant sind die Inhalte heute?*
> *Wann wurden zuletzt aktualisiert?*
> *Je näher an der Gegenwart,*
> *desto besser das Ranking.*

> ➤ *Qualität und Einzigartigkeit der Inhalte.*
> *Wurden sie selbst erstellt oder kopiert?*
> *Je mehr Eigenleistung,*
> *desto besser das Ranking.*

> ➤ *Verlinkungsgrad.*
> *Wie oft werden die Inhalte von wem*
> *im Internet verlinkt?*
> *Je häufiger die Verlinkung,*
> *desto besser das Ranking.*

Das ›Hinein-Laden‹ der Inhalte in den Google-Index geschieht in der Regel automatisiert und wird von Google im Hintergrund ausgeführt. Man kann diesen Indexierungs-Prozess aber auch selbst über ein eigenes Monitoring-Tool von Google (Google Search Console) nachverfolgen und positiv beeinflussen, da Google detailliert darüber informiert, wie es um die inhaltliche und layout-technische Fitness einer Webseite steht. Dieser Vorgang fällt unter den Begriff Suchmaschinenoptimierung (siehe Kap. 7.2), engl. SEO (Search Engine Optimization).

3.6 Wikipedia

Wikipedia ist nicht nur eine digitale Enzyklopädie, sondern auch zu einem sehr wichtigen Online-Kanal für Personen des öffentlichen Lebens geworden. Dies führt dazu, dass ab einer gewissen gesellschaftlichen Relevanz auch über Künstlerinnen und Künstler Artikel in Wikipedia erscheinen – ob sie es wollen oder nicht. Sogar auf rechtlichem Weg ist es nicht möglich, den eigenen Artikel zu verhindern, wenn die von Wikipedia vorgegebenen Relevanzkriterien für einen Artikel zu einer Person erfüllt sind.

Wikipedia-Artikel findet man im Google-Ranking unter den TOP-Einträgen. Sucht jemand beispielsweise den Namen eines bekannten Schauspielers, so findet er mit hoher Wahrscheinlichkeit unter den ersten beiden Suchergebnissen den über ihn geschriebenen Artikel – oftmals sogar noch vor den Verweisen auf die Domain der Personal Homepage. Wie lässt sich das erklären? – Wikipedia-Artikel sind in den meisten Fällen die reichhaltigste und aktuellste Informationsquelle zu einer Person. Das kann selbst eine Personal Homepage selten übertreffen. Bevor ein Artikel erstellt werden kann, muss mindestens eine signifikante überregionale Publikation, Darbietung oder Werkschau vorliegen, die zuvor über einen etablierten TV-Kanal, eine Online-Plattform, einen Verlag oder eine sonstige Institution veröffentlicht worden ist. Zusätzlich wacht in vielen Fällen ein Content-Administrator über Artikel, die er erst nach Sichtung freigibt. Sowohl bei neuen Artikeln als auch bei Änderungen und Aktualisierungen bestehender Artikel kann dies mehrere Wochen dauern und unter Umständen auch zur Ablehnung führen.

Bei Wikipedia kann also durchaus nicht Jeder über Jeden schreiben, erst recht nicht über Zeitgenossen, die im Fokus stehen. Dennoch gilt: Den eigenen Artikel sollte man immer im Auge behalten, denn dieser wird häufiger angeschaut als die eigene Homepage oder die eigenen Social-Media-Kanäle. Falsche Angaben sollte man auf jeden Fall über einen Wikipedia-Administrator seines Vertrauens korrigieren lassen.

TIPP

Sollten Sie bereits einen eigenen Wikipedia-Artikel haben, dann halten Sie ihn im Blick und lassen Sie ihn – falls nötig – korrigieren.

Es lohnt sich deshalb, fünf bis zehn Wikipedia-Artikel über Künstler vergleichend zu lesen. Eventuell kann man von ihnen lernen. Welche Artikel haben einen starken Aufbau? Kann man eventuell die Grundstruktur übernehmen? Gibt es sinnvolle Gliederungs- oder Unterpunkte?

Jeder in Wikipedia vorgestellte Künstler sollte seinem Artikel ein passendes Foto hinzufügen – bevor es jemand anderes tut. Um Probleme zu vermeiden, muss beachtet werden, dass Fotos nur vom Urheber selbst auf WikiMedia (Wikipedia für Dateien) hochgeladen werden dürfen. Wikipedia hat jedoch das Recht, das Foto jederzeit zu löschen.

—— TIPP

Fragen Sie Ihre Fotografin oder Ihren Fotografen, ob sie bzw. er eines Ihrer Portraitfotos auf WikiMedia / Wikipedia als offene Lizenz zur Verfügung stellt. Die meisten willigen ein. Das kann und sollte Ihnen gegebenenfalls auch etwas wert sein.

3.7   E-Commerce-Plattformen

Shopify hat das Medium Webshop auf die nächste Stufe gehoben. Ohne programmieren zu müssen, kann jeder online-affine Nutzer einen hochmodernen Webshop anlegen, auch mit seiner eigenen Domain. Dabei übernimmt Shopify auch das Hosting des Shops und die stetige Weiterentwicklung der Shop-Funktionen, die es inzwischen auch auf Facebook, YouTube, Instagram etc. gibt. So kann jeder Kunstschaffende mit vertretbarem Aufwand und wenig Kosten einen international funktionierenden Online-Shop anlegen, über den Editionen, Merchandising, Vinyl-Platten, Bücher, Magazine etc. verkauft werden können.

Für viele reichweitenstarke Künstler ist der eigene Online-Shop eine der wichtigsten Einnahmequellen. Hier werden im Direktgeschäft Umsätze ohne Zwischenhändler generiert; Amazon und andere Händler verdienen nicht mit.

In der Regel betreibt man seinen eigenen Shop unter der eigenen Domain. Theoretisch kann man zusätzlich die Shop-Funktionen bei YouTube, Facebook oder Instagram nutzen. In praktischer Hinsicht wird das aber erst dann möglich, wenn die Accounts eine gewisse Größe (Anzahl Follower etc.) aufweisen.

Neben dem eigenen Shop (für physische und digitale Produkte) und den eigenen Social Networks gibt es noch eine Reihe weiterer Online-Handelsplattformen. So ist zum Beispiel Amazon für die Gruppe der Schriftsteller wichtig, Artnet, Artsy oder auch Saatchi Art bieten Online-Kunst-Marktplätze für die bildenden Künstler und die Handelsplattform Etsy ist eine wichtige Anlaufstelle, um Exponate, Unikate und sonstige Kunstgegenstände online zu verkaufen.

3.8 Crowdfunding-Plattformen

Für Berufsstarter und aufstrebende Künstler ist Crowdfunding eine Möglichkeit, monetäre Zuwendungen von seinen eigenen Followern zu erhalten. Da das Geld in der Regel nicht zurückgezahlt werden muss, besitzt es die Funktion einer Spende; in diesem Sinne kann sich jeder Künstler als ›Spenden-Objekt‹ vermarkten. Neben der dauerhaften Unterstützung kann man auch für einzelne Werke, beispielsweise die Produktion eines Films, eine Crowdfunding-Kampagne starten.

— TIPP

Initiieren Sie – wenn es sich anbietet – Crowdfunding-Kampagnen. Sie reduzieren nicht nur die Kosten für Ihr Projekt, sondern zwingen sich auch dazu, dieses bereits in der Entstehungsphase zu durchdenken und genau zu formulieren.

Der Aufwand für überzeugendes Crowdfunding oder gar für ganze Kampagnen ist allerdings sehr hoch. Gleichzeitig ist es eine gute Übung, um das eigene Vorhaben präzise zu formulieren. Filmische Sequenzen – Video ist das mit Abstand wichtigste Content-Format für erfolgreiches Crowdfunding – inkl. Pitch der Projektidee sind gesetzte Standards in diesem Verfahren. ›Show your face‹ heißt es hier – für Kunstschaffende ein bekanntes Terrain. Zudem wird durch die persönliche Vorstellung im Crowdfunding Vertrauen aufgebaut. Doch Förderer und Fans wollen auch unterhalten werden – ein weiterer Grund seinen eigenen Schaffensprozess zu illustrieren und transparent darzustellen.

Patreon ist der Platzhirsch im Markt, der als Pionier dieses Segment maßgeblich mit beeinflusst hat. Heute gibt es unzählige ähnliche Plattformen, jedoch keine ist annähernd so relevant wie Patreon. In Deutschland ist Steady (steadyhq.com) hervorzuheben. Auch bei YouTube und Facebook u. a. m. findet man heute das Prinzip des Crowdfunding bzw. einzelne seiner Teilfunktionen.

3.9 E-Mail und Newsletter

E-Mail-Marketing war eine der ersten Online-Marketing-Möglichkeiten, die zur Verfügung standen und die bis heute in vielen Bereichen auch weiterhin noch hoch relevant ist. Bei der jüngsten Generation hat die E-Mail inzwischen erheblich an Bedeutung verloren.

E-Mail-Marketing kann eine sehr starke Form der Fan-Bindung sein. Anhänger können sich in entsprechende Newsletter-Listen eintragen und erhalten so alle relevanten Neuigkeiten direkt in ihre Inbox (ihren E-Mail-Account) gespielt. Wer weder Verlag noch Agentur hat, kann das Newsletter-Abonnement auf seiner Personal Homepage anbieten. Eine weitere Möglichkeit besteht darin, alle wichtigen Adressdaten in einer Excel-Liste zu sammeln. Jedes gute E-Mail-Programm (Outlook, Gmail etc.)

hat Listen-Funktionen, um bestimmte Empfängergruppen zu-sammenzufassen, die dann mit einem Klick bedient werden.

TIPP

Beachten Sie: Der EuGH hat 2021 in letzter Instanz entschieden, dass die sogenannte Inbox-Werbung (z. B. E-Mail-Postfach) nur bei ausdrücklicher Zustimmung der User erlaubt ist.

Selbst für einen von der Kritik und den Fans gefeierten Star kann ein Newsletter pro Monat vollkommen ausreichen. Selbst in den populären Musik-Genres wie Hip Hop oder Pop ver-schickt niemand wöchentliche Mitteilungen. Für weniger be-kannte Künstlerinnen oder Künstler dürfte demnach auch ein Newsletter pro Quartal ausreichen.

MailChimp ist eines der großen Newsletter-Systeme, mit dessen Hilfe man alles aus einer Hand bekommt. Eine Alterna-tive zu MailChimp ist Rapidmail, dessen Unternehmenssitz und Server zu 100 Prozent in Deutschland liegen.

3.10 News- und Presseportale

News- und Presseportale sind digitale Angebote etablierter Presseorgane. Der Weg zu einer Besprechung beginnt mit einer Presse-Information, die an einen Journalisten oder Redakteur geschickt wird. Die Inhalte sollten möglichst individuell und für die jeweilige Zielgruppe des Presseorgans inhaltlich relevant sein. Zeitungen und Zeitschriften, auch spezielle Online-Organe, berichten nur über medienrelevante oder regionale Ereignisse. Die entsprechenden Kontaktpersonen in den Redaktionen lassen sich oft leicht recherchieren.

Als Künstler lohnt es sich, sein jüngeres Werk, beispielsweise das der letzten zwölf Monate, zu dokumentieren und diese Auflistung (Beschreibung) zusammen mit einer konkreten Idee oder der Ankündigung eines anstehenden Events als Pressemitteilung zu versenden.

Die Presse schreibt regelmäßig Rezensionen zu Werken oder über Darbietungen und Ausstellungen. Als Reputations-Medium ist sie im Kunstbereich nach wie vor sehr relevant. Ein positiver und gut gemachter Bericht kann viele Dinge in Bewegung setzen. Ein Grund mehr, auf die äußere Form digitaler Pressemitteilungen zu achten:

- Ist der Absender deutlich erkennbar?
- Ist die Betreffzeile präzise formuliert?
- Sind das Veranstaltungsdatum und der Veranstaltungsort erwähnt?
- Steht der (wichtigste) Text in der Mail? Aus Zeitgründen werden Anhänge oft nicht geöffnet.

- Sind farbige Bilder angehängt (Auflösung 300 dpi) oder stehen sie als Download zur Verfügung?
- Sind die Urheberrechte an den Abbildungen mit den Fotografen abgeklärt?
- Sind für Rückfragen Ansprechpartner und Telefonnummer angegeben?

Das Wichtigste auf einen Blick

➤ Schon zu TV-Zeiten gab es Kanäle, Plattformen und Netzwerke. Heute hat sich deren Anzahl im Rahmen der digitalen Transformation beträchtlich erhöht und gleichzeitig stark verändert.

➤ Jeder Online-Kanal und jede Plattform hat ein spezifisches Content-Format im Fokus, zum Beispiel Text, Audio oder Live-Video.

➤ Video-Plattformen sind die Kanäle der Stunde. **YouTube, TikTok, Twitch, Instagram** und **Snapchat** widmen sich dem Video / Clip als zentralem Content-Format. Hier tummeln sich die Fans.

➤ Erarbeiten Sie sich diese Möglichkeiten ausführlich Schritt für Schritt. Starten Sie mit maximal zwei bis drei Kanälen.

4 Content-Marketing

Content-Marketing ist eine Technik, die Zielgruppen mit informierenden, beratenden und / oder unterhaltenden digitalen Inhalten anspricht. Im Rahmen einer Content-Strategie geht es dabei im Wesentlichen um zwei Aspekte:

> *Neue Fans oder Kunden gewinnen.*
> *Bestehende Fans oder Kunden halten.*

Für jede Karrierestufe gibt es Ideen für attraktive Inhalte, um Geschichten von sich selbst, seinem Umfeld oder seiner Arbeit zu erzählen. Content zeigt das eigene Schaffen, ohne das Werk selbst zu sein – wie ein ›Lebenszeichen‹ im digitalen Umfeld. Durch den wiederholenden Charakter der Content-Erstellung und des Content-Marketings besteht die Möglichkeit, seinen Output schnell auf ein präsentables Niveau zu heben. Wobei selbstverständlich der Grundsatz gilt: Je weiter oben man sich auf seiner individuellen Karriereleiter befindet, desto höher sind die Ansprüche an eine entsprechende Qualität.

—— TIPP

Verstehen Sie Content als vitales Lebenszeichen an Ihr digitales Umfeld, das an Ihrem Werk oder an Ihrer Person teilnehmen will.

4.1 Content-Formate

Jeder Kunst-Profi steht vor der Herausforderung, mehr oder weniger regelmäßig, direkt oder indirekt, Content – hierunter verstehen wir in diesem Ratgeber interessante und ansprechende Inhalte und Geschichten – zu produzieren und auch zu veröffentlichen. Dabei ist die Anzahl der Formate limitiert:

- Text,
- Audio/Podcast,
- Bild/Foto,
- Video.

Natürlich können auch Mischformen realisiert werden. VR (Virtual Reality) als interaktive Video-Gattung zeichnet sich am Horizont ab. Durch den Begriff Metaversum und die Umbenennung der Firma Facebook (Inc.) in Meta Platforms (Inc.) rückt der Trend ›Virtuelle Realität‹ stark in den Fokus.

Das sogenannte Bewegtbild ist im Internet das wichtigste und in vielen Fällen auch das reichweitenstärkste Format. Das Video-Streaming war und ist der große mediale Megatrend der letzten Jahre, der das Internet und auch die Selbstvermarktungsmöglichkeiten der Kunstschaffenden signifikant geprägt hat.

Content-Marketing hat insgesamt mehr den Charakter eines Prozesses als den eines Projekts. Prozess, weil der Künstler ein Verfahren etablieren muss, das sicherstellt, dass in regelmäßigen Abständen Content entsteht und als ›Lebenszeichen‹ an die digitale Außenwelt gesendet wird.

Video-Content

Video-Content ist für unsere Sinne das effektivste Format. Der Mensch empfängt das Bewegtbild über seine Augen, den

Sound / die Sprache über seine Ohren und setzt diese Informationen in seinem Gehirn zusammen.

> »Most of the content 10 years ago was text, and then photos, and now it's quickly becoming videos, I just think that we're going to be in a world a few years from now where the vast majority of the content that people consume online will be video.«

So formulierte es Mark Zuckerberg im Jahr 2016. Er sollte Recht behalten; bereits ein paar Jahre später sind Videos ein elementarer Bestandteil im Online-Marketing. An Videos kommt man nicht vorbei, und auf fast allen Online-Kanälen kann man mit ihnen arbeiten. Komplexe Sachverhalte und Orte lassen sich anschaulicher zeigen und führen zu deutlich höheren Interaktionsraten in Form von Kommentaren oder Streams. Videos spielen, auch weil sie Emotionen transportieren, eine wichtige Rolle bei der Kaufentscheidung der Kunden – und verlangen allein deshalb erhöhte Aufmerksamkeit und professionelles Engagement. Man unterscheidet folgende Videoarten, die für Kunstschaffende relevant sind:

- Image-Video (Portrait),
- Behind-the-Scenes-Video (Studio visit, Backstage & Greenroom views),
- Personal Video (Interview, Gespräch),
- Lehrvideo (Tutorials, Erklärvideos),
- Musikvideo (Musik Clips),
- Auftritt-Mitschnitt,
- Making-of-Video (Doku über Entstehungsprozesse).

Nie war es einfacher Videos zu produzieren als mit einem modernen Smartphone. Denn die neuesten Smartphones sind

›Mini-Rechner‹, die bei hoher Speicherkapazität über eine exzellente Aufnahmequalität verfügen, sodass man Videos oder Clips selber produzieren kann. Der Story-Clip für Instagram ist beispielsweise binnen Sekunden gefilmt, anschließend schnell hochgeladen und damit unmittelbar online verfügbar.

TIPP

Benutzen Sie das Medium Video als zentralen Bestandteil Ihres Online-Marketings. Denn Videos unterhalten nicht nur. Sie veranschaulichen Locations, visualisieren Vorgänge, transportieren Gefühle und führen zu vermehrten Interaktionen mit Ihren Zielgruppen.

Profi-Videos in Form von Kurzfilmen oder Musikvideos bedürfen hingegen tagelanger Vorbereitung. Hier ist eine Gruppe von

Spezialisten am Werk, die ihr Handwerk beherrscht: Kamera, Licht, Ton, Set-Location, Kostüm, Requisiten etc. Profi-Videos sind das aufwändigste Content-Format. Sie erfordern erheblichen Mehraufwand und bringen hohe Produktionskosten mit sich. Allerdings erreicht man damit auch die höchsten Reichweiten. Eine professionelle Videproduktion durchläuft verschiedene Phasen:

Spiegelreflexkamera im Video-
modus auf weicher Unterlage

Storyboard Die Geschichte / der Verlauf eines Films wird visuell entworfen, in aufeinanderfolgende Szenen zerlegt und in 2D schriftlich fixiert. Dadurch bekommen alle an der Produktion Beteiligten nicht nur ein Gefühl für das notwendige Setting einzelner Filmsequenzen, sondern auch eine Vorstellung vom gesamten Film.

Vorbereitung Damit aus Ideen und dem Storyboard ein richtiger Film wird, gilt es die Durchführung bis ins Detail zu planen. Die Vorbereitung dient dazu, am Drehtag alle ›Resources‹ zusammen zu haben, um die geplanten Einzelszenen ohne größere Komplikationen abfilmen zu können.

Drehtag Jetzt wird endlich gedreht, jetzt heißt es ›Klappe, die Erste‹, ›und bitte‹ oder ›Action‹. Die einzelnen Szenen werden in Kameras abgespeichert. Am Drehtag müssen alle Darsteller zusammen mit dem Drehteam am Set den Anweisungen des Regisseurs folgen und das geplante Drehpensum einhalten.

Postproduktion Phase der Nachproduktion / Nachbearbeitung. Im Studio werden Ton und Video zusammengeführt, geschnitten, abgemischt, am Ende mit Effekten versehen und gemastert.

Distribution Im Bereich des Online-Videos sind YouTube, Facebook und Instagram relevante Plattformen. Man findet hier alle populären Künstlerinnen und Künstler. Für das spezielle Genre Kunstfilm und Kurzfilm hingegen ist Vimeo neben YouTube die erfolgreichste und relevanteste Plattform. Im Bereich der Gaming-Kultur ist die Plattform Twitch führend, diese Plattform gehört zum Amazon Konzern.

Eine Sonderform des Videos ist das Video-live-Streaming. Hier entsteht, wie auch schon früher bei einer live TV-Übertragung, das Video im Moment der Aufführung. Es gibt nur einen Take, was besondere Anforderungen an Logistik, Planung, Aufnahme- und Übertragungstechnik stellt.

Audio-Content oder ›Sehen mit den Ohren‹

Audio – der Hörprozess – ist ein fester Bestandteil unseres Wahrnehmungsspektrums. Audio-Content hat Vorteile, die mit dem Konsum des Mediums zu tun haben. Beispielsweise kann Audio beim Weg zur Arbeit oder im Auto gehört werden.

Podcast, das ausführliche und ungeschnittene Gespräch zwischen zwei oder mehreren Personen, ist unstrittig das Format der Stunde; man spricht geradezu von einer Podcast-Revolution. Heute kann nahezu jeder Tonsequenzen aufnehmen und quasi-professionelle Audioqualität bei sich zu Hause, im Studio oder an einem anderen Ort erzeugen, um einen Podcast zu publizieren. Die Hürden sind so niedrig wie nie zuvor. Für die Produktion reicht ein Smartphone mit externem Mikrofon, das man anschließen kann. Darüber hinaus zeigt die Szene: Wer einen Podcast betreibt, hat in der Regel Zugang zu anderen Podcast-Formaten, bei denen man dann als Gesprächspartner zu Gast sein kann. Die Podcast-Szene kooperiert und besucht sich häufig gegenseitig.

TIPP

Überlegen Sie, mit welchen Künstlern Sie gerne einen (Video-)Podcast machen wollen – auch im Hinblick auf Ihre eigene Reichweite.

Bei Audio sprechen wir in erster Linie von Musik, Podcast und Live-Recordings in unterschiedlichen Bereichen, wobei das Format Audio-Podcast an Popularität gewonnen hat. Die populärsten Vertreter dieses Formats erobern heutzutage ein Millionenpublikum mit Reichweiten, die mit etablierten Medienplattformen wie Radio und TV auf Augenhöhe mithalten können oder sogar darüber liegen.

Viele Podcast-Formate bieten mittlerweile auch Video-Streams an. So entstehen Video-Podcasts, die

Podcast Setup, bestehend aus Mischpult, Kabeln, Mikrofonen und Kopfhörern

dann auf YouTube verwertet werden können. Der Video-Podcast ist eine Erweiterung des reinen Audiomitschnitts. Dieser Schritt ist allerdings nicht trivial und benötigt – wenn er professionell wirken soll – eine vollständige Video-Produktion mit Technik, Spezialisten und Postproduktion.

Live-Content

›Live is Life!‹ Live-Content gibt es in Form von Stories, Live-Video oder Live-Audio. Live zu sein vermittelt auf eine besondere Art mediale Nähe und Emotion. Diese Nähe wurde auch von den Social Networks (Snapchat, Instagram, Facebook und

YouTube) erkannt, die immer neueste Stories bzw. kurze Spontanaufnahmen aus der unmittelbaren Umgebung bereithalten, um mittels Video Einblicke hinter die Kulissen zu geben. Derartige ›Film-Schnipsel‹ dokumentieren Eindrücke von Events wie Premieren, Ausstellungen oder Launches. Live-Content entsteht häufig durch Fans als sogenannter User-generated Content (siehe weiter unten) und sollte als Input für die eigene Content-Planung genutzt werden.

TIPP

Verwenden Sie den inhaltlichen Input Ihrer Fans oder Freunde. Posten Sie deren Eindrücke von Ihrer Premiere oder Ausstellung an Ihre Follower, versehen mit einer persönlichen Anmerkung oder einem Emoji.

Ein Vorteil von Live-Content neben seiner unmittelbaren Nähe zum Event ist die Tatsache, dass die Aufnahme nicht mehr geschnitten oder sonst wie editiert werden muss. Möchte man eine entsprechend hohe Qualität für die sozialen Netzwerke produzieren, bedeutet das jedoch einen erhöhten technischen Aufwand für die Live-Video-Kette, zu der unter anderem mehrere Kameras, oftmals Video-Mischpult / Monitoring, Audio-Monitore, Kopfhörer, Mikrofonierung, Audio-Mischpult, Live-Video-Modul und Internetverbindung gehören. Also nichts für Anfänger.

Live-Content erfordert, wie Video generell, ein sehr hohes Maß an Engagement. Live-Kommentare sind eine beliebte Form der Partizipation der Zuschauer. Eine weitere Form bringen Crowdfunding-Funktionen mit sich: Zuschauer spenden und können dieses Ereignis teilen. Die Spenden werden dann im Gemeinschafts-Chat für einige Sekunden für jeden sichtbar hervorgehoben.

Digitale Grafiken, Bilder und Fotos

›Ein Bild sagt mehr als 1000 Worte.‹ So lautet ein Sprichwort, dessen Entstehung Kurt Tucholsky zugeschrieben wird. Auch Kunstschaffende nutzen Online-Grafiken, -Bilder und -Fotos für Abbildungen der eigenen Werke, Portraits, Eventfotos oder Schnappschüsse aus dem Alltag sowie Video-Stills (Standbild aus einem Film) für Dokumentationszwecke. Bilder sind einerseits leicht zu konsumieren, andererseits transportieren sie auch Emotionen. Als visueller Content bewirken Grafiken, Bilder und Fotos mehr Interaktionen als reine Textbeiträge. Neben Video und Audio ist das Bild/das Foto im JPG- oder PNG-Format eine weit verbreitete Content-Form.

VR, AR, XR und 360°-Fotografie

Mit Virtual Reality, Augmented Reality und Mixed Reality lassen sich Gegenstände und Räume, somit auch Ausstellungen oder Konzerte, digital begehbar machen. VR-Technologien gibt es zwar seit Jahren, aber sie haben ihren Durchbruch zum Mainstream noch vor sich. Aktuell erhält das Thema durch den Begriff ›Metaverse‹ neue Impulse, denn Metaverse wird durch Meta Platforms (ehemals Facebook) stark gepusht. Mark Zuckerberg und sein Team arbeiten an einer neuen VR-basierten Social-Media-Plattform – dem Facebook-Instagram-Whatsapp der Zukunft.

Mit 360-Grad-Fotos lassen sich Räume virtuell darstellen; hierzu gibt es leicht zu bedienende Spezialkameras. Ab und an begegnet man solchen Bildern im Internet; als Massenphänomen ist das allerdings noch nicht zu betrachten. Alle Künstlerinnen und Künstler, die verstärkt mit und in Räumen agieren,

Museumsbesucher an einer Infostation mit VR-Brillen und Sitzgelegenheiten

können diese Technik sinnvoll für sich nutzen, denn noch immer kann jedes 3D-Format überraschen.

Texte

Der Text ist als Basis-Form allgegenwärtig. Texte sind in erster Linie informativ, können aber auch Bilder und Emotionen transportieren. Für das Online-Marketing werden sie in unterschiedlichen Funktionen eingesetzt:

- redaktionelle Texte,
- Blog-Artikel,
- Texte für die Personal Homepage (Biografie, Neues, Werktexte, Meta-Infos, Listen und Tabellen, Testimonials etc.),
- Texte für Content und Social Media,

Tutorial für Wordpress-Nutzer. Gezeigte Lektion: Neuen Blog-Artikel erstellen.

- E-Books,
- Mailings und Newsletter.

Google erkennt neue Texte und rankt diese besonders stark. Wer viele Texte im Internet publiziert, bekommt auch entsprechenden Traffic von Google – so die einfache Grundformel. Für das Schreiben von Online-Texten sollte man folgende Aspekte berücksichtigen:

- USP bzw. Kern der Aussage herausstellen,
- Zielgruppe konkret ansprechen,
- sympathisch sein,
- alle wichtigen Fragen beantworten,
- fehlerfrei schreiben,
- gute Lesbarkeit garantieren,
- eine klare und verständliche Sprache verwenden.

User-generated content: Ein Fan macht ein Video mit seinem Handy.

User-generated Content

User-generated Content steht für Medieninhalte, die nicht vom Anbieter und Betreiber eines Medienkanales, sondern von dessen Nutzern erstellt werden. Videos, Fotos, Texte oder Sound werden also nicht von einem Künstler erstellt, sondern von einem Fan, einem User, einem Sammler etc.

Wer User-generated Content in seine eigenen Social-Media-Beiträge einbaut, signalisiert Interesse an seinen Fans, Followern oder Lesern, die den Content ihrerseits als Zeichen der Wertschätzung erstellt und veröffentlicht haben. Diese Art des Contents ist sehr beliebt, da positiv behaftet, authentisch, einfach in der Handhabung (ein Repost reicht oft aus), aktuell und kostenfrei.

4.2 Quantität und Qualität

Für alle freien Künstler stellt sich die Frage, wie häufig man Content erstellen muss und wie hoch die Qualitätsansprüche daran sein sollten. Denn die Bandbreite an Möglichkeiten reicht von einem lapidaren ›Hello World, hier bin ich‹ bis hin zu einem anderthalbminütigen Hochglanz-Teaser als Online-Video auf einer Plattform.

Die Frage nach der Quantität ist schnell beantwortet: Man sollte mindestens einmal im Monat ein Zeichen von sich geben. Nichts stößt in der digitalen Welt auf mehr Unverständnis als ein einmal begonnener Kanal, der nicht regelmäßig gepflegt bzw. genutzt wird.

> ➤ *Warum führt man auf seiner Personal Homepage Rubriken wie ›Neues‹ oder ›Blog‹ und gibt dann über Monate keine Neuigkeiten von sich preis?*

> ➤ *Warum hat man einen Newsletter-Dienst installiert, der nicht regelmäßig Informationen versendet?*

In Sachen Publikationsfrequenz gibt es nach oben hin kein Limit. Man muss nur einmal aktuellen Künstlern aus den Bereichen Pop, Rap oder Hip Hop über die Schulter schauen, dann bekommt man ein Gefühl für die digitale Dauerpräsenz relevanter Vertreter dieser Genres.

Die Frage nach der Qualität ist hingegen nicht so schnell zu beantworten. Denn diese hängt entscheidend davon ab, welchen Content man für welche Zielgruppe generiert und welche Zielsetzung man hierbei verfolgt.

> Möchte man über ein Ereignis berichten?

> Möchte man auf ein Produkt oder ein Kunstwerk aufmerksam machen?

> Möchte man ein neues Buch bekannt machen?

Nicht nur der Content variiert, sondern auch die Länge des Inhalts je nach Content-Plattform oder Online-Kanal.

Für Longform-Videos (ca. 10 Minuten bis zu ein oder zwei Stunden) ist YouTube ganz sicher die erste Anlaufstelle, während für kürzere Videos und Alltagssituationen Instagram die erste Adresse sein dürfte; witzige Kurzclips hingegen sehen sich User eher auf TikTok an.

Content first, Design second!

Content hat die Funktion, die Entstehung neuer Werke und das eigene Schaffen zu dokumentieren. Content sollte nicht selbst zu einem Werk werden. Kreative Blockaden entstehen oft aus diesem Grund. Denn Perfektionismus kann hemmen und die eigene Content-Produktion ausbremsen oder sogar komplett behindern. Wichtig ist es deshalb, das Rad zunächst langsam zu

TIPP

Wenn es um Content für Ihre Follower geht, ist regelmäßiger Output wichtiger als perfekte Inszenierungen oder kreative Highlights. Content first, design second!

drehen, um dann im laufenden Betrieb die Inhalte und das eigene Erscheinungsbild stetig zu verbessern. Wer einmal sein persönliches Rad ans Laufen bekommen hat und erste Erfolge seiner Optimierungsanstrengungen sieht, ist schnell in einer Art Online-flow, der für moderne Künstler unabdingbar ist.

Document, don't create!

In kleinen Häppchen denken statt in großen Brocken. Ein Foto genügt, ein kurzer Clip reicht aus, um ein Zeichen von sich und seiner Umgebung zu geben. ›Zeige was du machst‹ ist das Meta-Motto über die meisten Beiträge von Künstlern. Für Musikerinnen und Musiker ist das Musikvideo ein wiederkehrendes, hochkreatives Content-Format, wobei das geplante Video das Gegenteil von einem spontanen Selfi-Clip ist.

Dokumentarischen Charakter hat das Video vor allem in Form von Behind-the-scene-Bildmaterial oder als Making-of im Bereich der Musik-, Film- oder Theaterszene. Diese Prinzipien lassen sich auf die eigenen Clips im Rahmen des eigenen Online-Marketings übertragen: Zeige was und wie du es machst.

4.3   Owned, Paid & Earned Content

Owned Content bezeichnet eigene Inhalte, zum Beispiel Bilder oder Texte auf der Personal Homepage. Das sind Inhalte, über die man zu 100 Prozent selbst verfügt und deren Urheber man ist, sofern man den Produktions- und Gestaltungsprozess nicht professionellen Agenturen oder Helping hands überlassen hat.

Manchmal ist es jedoch von Vorteil, seinen eigenen Content auf bezahltem Weg zu pushen. Durch Paid Content erfolgt die Reichweitensteigerung entweder mit Hilfe bezahlter Anzeigen oder durch Content-Promotions (siehe Kap. 7.5).

Earned Content steht für jede Interaktion durch Dritte. Hier geht es um die Steigerung der Bekanntheit, unter anderem durch Blogger, Influencer, Fans und andere Personen und Organe des öffentlichen Lebens auf der einen sowie durch redaktionelle Pressebeiträge auf der anderen Seite. Diese Reichweite hat man ›verdient‹. Und je größer die Reichweite des Mediums ist, das berichtet, desto besser ist es für das Image. Das Influencer-Marketing baut stark auf diesem Prinzip auf. Earned Content ist authentisch, glaubwürdig – und häufig mit geringem Aufwand zu erreichen.

TIPP

Wirken Sie auf Earned Content hin. Lassen Sie andere positiv über sich sprechen. Das dient dem Aufbau Ihrer Reputation, Ihrem Personal Brand.

4.4 Impulse zur Content-Erstellung

Da Kunstschaffende immer wieder aufs Neue vor der Herausforderung stehen, relevanten Content produzieren zu müssen, ist es hilfreich, über sinnvolle Impulse nachzudenken. Schnell wird man feststellen, dass sich viele Impulse wiederholen und dass man viele Impulse konkreten Themenbereichen zuordnen kann – wie die folgende Übersicht belegt. Jetzt braucht man nur noch einen Kalender und einen durchdachten Redaktionsplan, um die digitale Zukunft zu gestalten.

Persönliches Einblicke in aktuelle Projekte, aktuelle Standorte, aktuelle Tätigkeiten gewähren.

Das eigene Team, Mitarbeiter oder Partner vorstellen Erklären, warum wer was jetzt neu oder anders macht. Es dient dem Teamgeist, wenn ›Neue‹ so ins Team integriert werden.

Aktuelle Veröffentlichungen, Werke, Performances Über neue Bücher, Gemälde, Editionen oder Video-Trailer mit Terminangaben (Erstveröffentlichung, Premiere ec.) informieren.

Fans, Zuhörer, Zuschauer User-generated Content, Selfies mit Fans verfestigen das Gefühl der Zusammengehörigkeit.

Standorte Studio Visits, Ausstellungen, Konzerte, Auftritte, Lesungen angeben.

Dinge, die einem wichtig sind Notizheft, bevorzugte Ölfarbe, Lieblings-Sneakers, Lieblings-Autos ›verraten‹.

Aktuelle Szene Diskussionsthemen, Petitionen, Aufrufe, Branchen- und Genre-News kommentieren.

Ehrungen, Auszeichnungen Preise, Jubiläen dokumentieren.

Infos, Wissenswertes Neues (Szene, Genre) mitteilen.

Gastbeiträge Statements anderer, aus dem Studio, Podcast sammeln / realisieren und verwerten.

Rezensionen, Medien, Besprechungen Einzelbeiträge und Zusammenfassungen an Follower und Fans weitergeben.

Interaktionen Umfragen initiieren, direkte Fragen an die eigenen Follower stellen.

Anstehende Termine   Link zum Online-Ticketing, Vor- und Nachbereitung (vor dem Termin ist nach dem Termin), Link zu den Event-Infos bekanntgeben.

Events   Einblicke (Vernissagen, Behind-the-scene) gewähren.

Eigener Podcast   Jour fixe mit ausgewählten Gästen realisieren.

4.5   Planung und Organisation

Für ein effektives Content-Marketing braucht man einen Redaktionsplan (siehe Kap. 5.4), in dem alle Grundsatzentscheidungen und wichtigen Prozesse festgehalten werden:

Checkliste Redaktionsplan

Content-Anforderung	Was will ich machen, erstellen oder leisten?
Planungsprozess	Wann wird was von wem gemacht?
Freigabeprozess	Wer (es können durchaus mehrere Personen betroffen sein) muss Content freigeben?
Wiederkehrende Qualitätskontrollen	Was muss verbessert werden?
Analyseprozess	Wer überprüft die Wirksamkeit von Verbesserungen?
Testprozesse	Wie finden die Nutzer den Content? Ist der Content für sie relevant?
Archivierungsprozesse	Wer pflegt und archiviert den Content?

Am Beispiel Video (siehe Kap. 4.1, Abschnitt Video-Content) wurde die Komplexität einer Produktion, in der jeder Schritt unterschiedliche Tools und Geräte erfordert, bereits skizziert. Denn Videos erstellen bedeutet: Storyboard entwerfen, Sounds klären, Texte kreieren, Fotos / Bilder recherchieren etc. All das muss organisiert werden. Aber bevor ›gedreht‹ wird, muss es einen passenden Impuls geben, der ausformuliert in den Organisationsplan einfließt. Erst wenn jeder im Team weiß, was zu tun ist, entsteht ein reibungsloser Funktionsablauf; Vorbereitung ist alles. Erst dann heißt es: Video drehen, Ton aufnehmen, Sounds mischen.

Zu guter Letzt muss man wissen, wo dieser neue Content platziert werden soll. In der Regel dürften es die großen Social-Media-Kanäle sein. Auch hierfür gibt es einen Plan, in dem festgehalten wird, an welchem Termin welcher Content über welchen Kanal laufen soll. Steht der Content online, ist der Erfolg über eine Reichweitenanalyse messbar: wie viele Kunden, Follower oder Fans haben sich die Inhalte auf welcher Plattform angesehen? Anschließend kann man künftige Content-Aktionen noch besser planen.

Sobald ein grober Redaktionsplan steht, kann man diesen in ein Social-Media-Redaktionstool wie Later (later.com) oder Buffer (buffer.com) übertragen. Mit solch einem Tool lassen sich Social-Media-Beiträge terminlich planen, die Inhalte / Contents dazu vorbereiten und dann automatisiert publizieren. Der Vorteil besteht darin, dass man alle wichtigen Funktionen für einen einfachen und zentralen Publikationsprozess aus einem Tool heraus organisieren und Beiträge gleichzeitig über mehrere Plattformen hinweg publizieren kann.

Das Wichtigste auf einen Blick

➤ Fast alle früheren Content-Formate existieren heute auch im Internet. Zu Text, Bild / Foto, Audio und Video ist nichts elementar Neues hinzugekommen. Allerdings zeichnet sich mit VR / AR / XR ein weiteres, dem Video verwandtes Content-Format ab, das in naher Zukunft relevant zu werden scheint.

➤ Ihr Content sollte Ihr Leben dokumentieren. Nutzen Sie alle wichtigen Formate für Ihr Online-Marketing.
  - ➤ Sagen Sie, was Sie gerade denken (Text).
  - ➤ Zeigen Sie, wo Sie sich aktuell befinden (Bild / Foto).
  - ➤ Kündigen Sie Ihr nächstes Event an (Kurzvideo).
  - ➤ Sprechen Sie in einem Podcast über Ihr nächstes Projekt (Audio).
  - ➤ Nutzen Sie alle wichtigen Formate für Ihr Online-Marketing.

➤ Content zu publizieren ist wichtiger als ihn zu produzieren. Perfektionismus darf Sie im daily business nicht in der Kundenkommunikation mit Ihren Fans behindern. Nach dem Post ist vor dem Post.

➤ Nutzen Sie ab einer gewissen Anzahl von Online-Kanälen ein Social-Media-Redaktions-Tool. Damit haben Sie Ihren Content-Stream über alle Kanäle hinweg besser im Blick und sind effizienter in der Steuerung Ihrer Social-Media-Aktivitäten.

5   Social-Media-Marketing

Social Media ist allgegenwärtig, elementar und fester Bestandteil der Kommunikationspolitik jedes Unternehmens, jeder Organisation und so gut wie jeder Person des öffentlichen Lebens.
Deshalb ist Social Media kein ›nice to have‹, sondern ein ›must
have‹. Umso erstaunlicher ist es, dass Social Media im Kunst-
sektor in statistischer Hinsicht noch immer kein Standard ist
(siehe Kap 1.2). Das sieht nur bei jüngeren Künstlern anders aus,
die als ›digital natives‹ während des beginnenden Internetzeit-
alters zur Welt gekommen sind und so bereits einen fast ›na-
türlichen‹ Bezug zum Thema haben.

TIPP

Ihre Online-Präsenz ermöglicht es Menschen rund um den Globus,
Sie kennenzulernen und Ihnen und Ihrem Werk folgen zu können.

So wie Social Media den unmittelbaren, direkten und persönlichen Austausch mit den eigenen Zielgruppen ermöglicht, so
ist Social-Media-Marketing ein fester Bestandteil einer jeden
Online-Kommunikationsstrategie.

> *Wie plant man Social-Media-Aktivitäten?*
> *Auf was sollte man besonders achten?*

➤ *Wie sieht eine Strategie im Internet aus?*

➤ *Welche Online-Tools und -Services sind hilfreich bei der Arbeit?*

➤ *Welche Social-Media-Kanäle sind relevant?*

Gelungene Social-Media-Arbeit bzw. Arbeit in und mit sozialen Netzwerken, für die auch der amerikanische Begriff ›Social Networks‹ verwendet wird, setzt also mehr voraus als eine offene Haltung zu Kreativität, Mut und Offenheit, um erfolgreich an seiner Popularität zu arbeiten.

Social Networks sind so konzipiert, dass man auch als Anfänger schnell erste Erfolgserlebnisse feiern kann. Das dürfte zu einem großen Teil an den einfachen und barrierefreien Funktionen der Social Networks liegen und dem gerade am Anfang schnell zunehmenden Grad der Vernetzung. Denn die Zahl der möglichen Verbindungen in einem Netzwerk steigt mit jedem zusätzlichen Teilnehmer exponentiell an (Netzwerkeffekt). Nur bei ambitionierten oder sehr erfolgreichen Vorhaben spielen Geld und eingekaufte Reichweite eine größere Rolle. Wie auch immer: Wer mehr oder weniger regelmäßig relevante Social-Media-Beiträge publiziert und dabei seinem Genre entsprechend die richtigen Content-Formate wählt, der wird mediale Aufmerksamkeit in der digitalen Welt erregen. Für jedes Format gibt es spezialisierte Content-Plattformen und Social Networks, die in ihren Funktionalitäten einander stark ähneln. Zu den wichtigsten gemeinsamen Bestandteilen zählen:

Profile Die Profilseite ist ein zentraler Seiten-Typ und sollte mit allen Basisinformationen vollständig ausgefüllt sein, sonst wirkt sie unsauber administriert und die Profile leblos. Sie besteht u. a. aus: Profilfoto, Portrait, Headerbild, Name, Links zur Homepage oder anderen Seiten, Motto und Kurz-Biografie.

—— TIPP

Eine vollständig ausgefüllte Profil-Seite in den Social Networks ist ein must-have. Achten Sie darauf, alle Infos an den vorgegebenen Stellen Ihres Social-Media-Profils anzugeben. Neben dem Profilbild und Ihrem Namen sind Links zu anderen Online-Kanälen, Kurz-Vita und diverse Kontaktmöglichkeiten wichtige grundlegende Angaben.

Likes   Jeder Nutzer kann Beiträge liken. Mit jedem weiteren Like wird ein Beitrag für das Netzwerk relevanter. Ein gesteuerter Algorithmus sorgt dafür, dass besonders oft gelikte Beiträge in der Regel stärker verbreitet und vorgeschlagen werden, als Beiträge mit nur wenigen Likes. Der Like ist eine wichtige Währung im Aufmerksamkeitsuniversum.

Kommentare   Sag, was du denkst. Über Kommentare hat jeder die Möglichkeit, aktiv an Diskussionen teilzunehmen. No hate speech, please!

Möglichkeit zu folgen   Über die Follow-Funktion kann jeder die Inhalte des anderen abonnieren. Das, was früher vor allem der Newsletter-Abonnent war, ist heute der Social-Media-Follower. Je mehr Follower, desto größer die Reichweite.

Newsfeeds   Der Newsfeed ist die chronologische Aggregation aller Neuigkeiten aus dem Netzwerk bzw. aller Profile denen man folgt. Ein Algorithmus sorgt im Hintergrund für eine Vorsortierung der Neuigkeiten. Nutzer bekommen oftmals nur einen Bruchteil der Beiträge aus ihrem Netzwerk im Newsfeed angezeigt. Das gilt insbesondere für Instagram und Facebook.

Die Videoplattform YouTube arbeitet mit Nutzerprofil sowie Follower-, Kommentar- und Like-Funktion, die von den Social Networks der ersten Stunde, Facebook und Twitter, zum Teil übernommen wurden. Facebook und Twitter hingegen haben sich mittlerweile dem Thema Video und Bewegtbild geöffnet und ihre Funktionen daraufhin ausgerichtet und optimiert. Heute erkennt man, wie gut das Video im Rahmen sozialer Netzwerke funktioniert. Im Grunde sind YouTube, Instagram, Facebook und Twitter gigantische Social Networks mit einem Schwerpunkt auf Video.

TIPP

Verwenden Sie über alle Social Networks hinweg das gleiche Profilbild, um Irritationen auf Seiten der Nutzer und Fans zu vermeiden.

Eine Webseite mit integriertem Blog rundet jede Social-Media-Strategie ab. Hier hat die Personal Homepage (siehe Kap. 6) die Funktion einer ›Online-Zentrale‹, die zum einen der eigenen Werkdokumentation dient, zum anderen aber auch als die Schnittstelle zur digitalen Außenwelt fungiert, wo man Profile verlinkt (zum Beispiel auf das eigene Facebook-, Instagram-oder Twitter-Profil) oder auf Inhalte verweist (zum Beispiel mittels YouTube oder Spotify).

5.1 Social-Media-Kanäle

Social-Media-Kanäle dienen dem Austausch von Informationen, Erfahrungen, Erlebnissen, Inhalten und Meinungen. Eine handvoll Social Networks sind für die Kunstszene relevant, wobei jede

Plattform ihre eigenen Schwerpunkte hat; so steht YouTube für Videos und Twitter für Tweets und News. Aber auch über seine Website kann man als Künstler ein Profil anlegen, kann man sich vernetzen, sich darstellen und mit seinem Netzwerk bzw. seiner Community kommunizieren. YouTube ist

Auswahl bekannter Social Networks in einem Folder für Social Media auf einem Smartphone.

heute der King der Social Networks. Um auf dieser Plattform erfolgreich zu sein, benötigt man Videos, Videos, Videos (siehe Kap. 4.1).

Instagram bietet eine gute Startrampe, um sich als Kunstschaffender professionell zu profilieren. Facebook, Pinterest und Twitter sind weitere Netzwerke, in denen sich Künstler darstellen und vernetzen. Wer Interesse daran hat, betreibt Profile bei TikTok und Snapchat; hier muss es kurz und knackig zugehen. Damit sind die ›Pflicht-Social-Networks‹ für die allermeisten Künstler bereits genannt. Man versucht eben dort zu sein, wo die Fans sind – in der realen und der virtuellen Welt.

—— TIPP

*Verwenden Sie einen Link-Listen-Service wie **linktree** (linktr.ee). Dieser Service erstellt aus allen Links zu Ihren Online-Kanälen (da kommen einige zusammen) eine klare und ansprechende Übersicht. Anschließend verwenden Sie überall nur diesen einen Link zu Ihrer Link-Liste à la linktr.ee/vorname.nachname. Ihre Besucher und Fans entscheiden dann selbst, welchen Ihrer Kanäle sie besuchen möchten.*

Facebook

∞ Meta	CEO	Mark Zuckerberg
	Gründer	Mark Zuckerberg, Eduardo Saverin
	Online seit	2004
	Nutzer	ca. 2,85 Mrd. monatlich aktive Nutzer (März 2021)
	Mitarbeiter	ca. 60.000
	Firmensitz	Menlo Park, California, USA

Facebook

Facebook besteht in seiner heutigen Form seit 2004 und kann zu Recht als Allrounder unter den Social Networks bezeichnet werden. Bekannt wurde Facebook für seinen Like- bzw. Gefällt-mir-Button, mit dem man mit nur einem Klick äußern kann, dass man etwas befürwortet. Die Plattform lässt sich besonders gut mit Instagram und WhatsApp verbinden, die ebenfalls zu der Firmengruppe Meta des Gründers Mark Zuckerberg gehören.

Facebook ermöglicht die Erstellung privater Profile zur Darstellung der eigenen Person und ihrer geschäftlichen sowie künstlerisch-kreativen Präsenz. Auch Gruppen zur Diskussion gemeinsamer Interessen können sich bilden. Die Profile sind durch Freundschaftsanfragen oder Abonnements untereinander vernetzbar. Auf einer Profilseite kann sich jeder User vorstellen und seine Fotos und Videos publizieren, Besucher können öffentlich ›für ihre Freunde‹ Nachrichten hinterlassen oder Kommentare zu Beiträgen des Profil-Inhabers veröffentlichen.

Es ist schwer geworden, neue Follower zu generieren, denn Facebook möchte für diesen Service bezahlt werden. Trotzdem können Follower durch Hinweise in der ›realen Welt‹, beispielsweise auf Konzerten mit Flyern / Plakaten auf den Link zum ei-

Instagram

CEO	Kevin Systrom (bis 2018)	
Gründer	Kevin Systrom, Mike Krieger	
Online seit	2010	
Nutzer	ca. 2 Mrd. monatlich aktive Nutzer	
	(Dezember 2021)	
Mitarbeiter	Teil von Meta Platforms (ehem. Facebook)	
Firmensitz	Menlo Park, California, USA	

genen Profil hinweisen. Dann funktioniert ein Facebook-Profil ähnlich einer Mailingliste, auf der sich User eintragen, um über alles informiert zu werden. Dies gilt auch für andere Social Networks: Man zeigt alle seine aktiven Social-Media-Kanäle, über die man kontaktiert und auf denen einem gefolgt werden kann.

Mit dem Business- und Werbemanager kann man alle Werbeaktivitäten bei Facebook kontrollieren. Hiermit bietet Facebook ein wichtiges Steuerungs- und Analyse-Tool und ermöglicht gut geplante Werbekampagnen für ein ambitioniertes und erfolgreiches Performance-Marketing (siehe Kap. 7.5).

Instagram

Instagram ist heute für viele, vor allem für Jüngere, eines der populärsten Social Networks. Bei Instagram steht das Bild bzw. Foto und Video im Vordergrund. Instagram-Beiträge haben in der Regel eine kurze Beschreibung. Die Informationen werden mit hashtags (#) und Links (oft als Hinweis ›Link in Bio‹) abgerundet. Je mehr relevante Hashtags man einfügt, desto besser kann der Inhalt sowohl von Nutzern als auch von Instagram selbst gefunden werden.

YouTube

▶ YouTube	CEO	Susan Wojcicki
	Gründer	Steve Chen, Chad Hurley, Jawed Karim
	Online seit	2005
	Nutzer	ca. 2,3 Mrd. monatlich aktive Nutzer (Oktober 2020)
	Mitarbeiter	heute Teil von Alphabet Inc. (Google etc.) (ehem. Facebook)
	Firmensitz	San Bruno, California, USA

YouTube

YouTube ist ein Unternehmen von Alphabet Inc. und gehört zum ›Google-Konzern‹. Nach Google ist die Plattform die zweitgrößte Suchmaschine im Internet, allerdings mit dem Fokus auf Video-Suchen. Über zwei Milliarden monatliche Nutzer hat YouTube global (Quelle: https://de.statista.com/themen/107/online-videos/ #dossierKeyfigures).

YouTube ist klarer Marktführer in Sachen Videos und wie alle Social Networks sehr auf Viralität, die schnelle Informationsweitergabe von Mensch zu Mensch / von User zu User, ausgerichtet. Für die automatische Verbreitung beliebter Videos sorgt ein spezieller YouTube-Algorithmus. Demnach entscheiden die User maßgeblich, was populär ist und verbreitet wird.

Wer allen YouTube-Empfehlungen und -Vorgaben über einen Zeitraum von mindestens einem Jahr regelmäßig folgt (d.h. alle ein bis zwei Wochen eigene Videos publiziert), wird auf YouTube mit hoher Sicherheit eine umfangreiche Gefolgschaft aufbauen. Da das YouTube-Universum mit seinen funktionierenden Themen und Kanälen unbegrenzt ist, ist aktuell immer noch Platz für neue YouTube-Kanäle – zu jedem beliebi-

Twitter

CEO	Parag Agrawal
Gründer	Jack Dorsey, Noah Glass, Biz Stone, and Evan Williams
Online seit	2006
Nutzer	211 Mio. täglich aktive Nutzer (Oktober 2021)
Mitarbeiter	ca. 5500
Firmensitz	San Francisco, California, USA

gen Thema. Wichtige Eckpunkte für ein erfolgreiches YouTube-Marketing sind:

- YouTube-Profil vollständig ausfüllen,
- Die eigene Seite aktiv gestalten (Willkommens-Video, Header-Bild, Profilfoto, Links, Playlists),
- Hohes Engagement zeigen (viele Kommentare schreiben bzw. Antworten geben),
- Optimierungsanweisungen für die Video-Suche beachten (passende Überschrift, Beschreibung / Credits einfügen, Aufnahmedatum, Ort, Spracheinstellungen, Rechte-management),
- Wirkungsvolle Vorschaubilder für Videos mit Vorab-Ausschnitten erstellen (Video-Thumbnails),
- Playlists erstellen und allen Videos zuordnen.

Twitter

Twitter wurde 2006 gegründet und gewann weltweit rasch an Popularität. Versendete Texte, sogenannte Tweets und darauf aufbauende Retweets, dürfen eine maximale Länge von 280

Zeichen haben und können mit der ganzen Welt geteilt werden. Im journalistischen Umfeld dient dieser Microblogging-Dienst unter anderem als Newsbreaker-Plattform. Twitter ist wissens- und informationsorientiert und auch in der künstlerischen und kreativen Welt als Kommunikationsmedium hoch relevant.

Twitter hat das Prinzip Tweet und Retweet erfunden. Ich twittere etwas und andere können es in meinem Namen kopieren und eins zu eins an die eigene ›Gefolgschaft‹ weiterleiten usw. Follower werden somit zur wichtigsten Währung – das hat Twitter mit den allermeisten Social Networks gemein. Die eigene Timeline zeigt alle aktuellen Tweets (oder eine Auswahl davon) von Twitter-Konten an, denen man folgt.

Neben Tweets hat Twitter auch den Hashtag (Schlagwörter zu einem Tweet) erfunden, um Inhalte besser einordnen zu können. Jede Tweet-Antwort (Retweet) kann öffentlich in einer Art Kommentar-Baum beliebig tief verzweigt sein. Dabei werden für den Nutzer relevanten Tweets automatisiert gesichtet.

Der obligatorische Like und Direktnachrichten runden das Angebot ab und machen Twitter zu einem festen Bestandteil der weltweiten Social-Media-Landschaft.

Jedes ambitionierte und reichweitenstarke Video landet früher oder später auf Twitter. Twitter sorgt im besonderen Maße für die Verbreitung von viralen Videos auf YouTube.

Blogs

Das Wort ›Blog‹ dient als Abkürzung für ›Weblog‹, einer Zusammensetzung aus den beiden englischen Wörtern ›web‹ (Netz) und ›log‹ (Log-oder Tagebuch). Ein Blog ist somit eine Art öffentliches Tagebuch in chronologischer Form, das von mindestens einer Person – dem Blogger (oder Weblogger) geführt wird. Im Unterschied zu Twitter-News sind Blogs Langform-texte. Hier ist Platz für Schreiber und Blogger, die ihre eigene Meinung zum Besten geben, Sachverhalte protokollieren (posten), die aktuelle Lage einschätzen und bewerten, über Events berichten oder einfach ihre Gedanken niederschreiben. Ein besonderes Gewicht wird auf Kommentare gelegt, die eine Diskussionen der Artikel mit den Lesern ermöglichen.

Auch viele Kunstschaffende schreiben Essays zu Themen der Zeit und reflektieren das Werk ihrer Kolleginnen und Kollegen. Die Textform ist egal, sie richtet sich jedoch am besten nach denjenigen, die man mit dem Text erreichen will. Jeder selbst verfasste Text ermöglicht es interessierten Lesern, sich ein Bild vom Blogger zu machen. Deshalb sollte man sich auch darüber klar werden, warum man überhaupt schreibt. Denn man kann:

- Neuigkeiten verbreiten,
- Botschaften verkünden,
- Überzeugungen teilen,
- Meinungen und Erfahrungen weitergeben.

Für alle schriftnahen oder schrift-affinen Berufe ist der persönliche Blog fast schon ein Muss. Der Leser wird bei neuen Beiträgen über die Social-Media-Kanäle des Betreibers informiert. Eine Recherche im Archiv ist ebenfalls möglich. Die Möglichkeit Blogs über RSS (Really Simple Syndication) zu folgen wird nicht mehr unterstützt.

Die Deutsche Nationalbibliothek sieht Blogs als eigene Werkgattung (Internetpublikation) an und vergibt seit Herbst 2013 auch eine ISSN für Weblogs. Auch bei Google besitzen Texte einen sehr hohen Stellenwert im Rahmen der Such-maschinenoptimierung (SEO). Google bewertet lange Texte bevorzugt und rankt sie bedeutend höher.

Pinterest

CEO	Ben Silbermann
Gründer	Ben Silbermann, Paul Sciarra, and Evan Sharp
Online seit	2009
Nutzer	ca. 400 Mio. monatlich aktive Nutzer (Juli 2020)
Mitarbeiter	ca. 2200
Firmensitz	San Francisco, California, USA

Pinterest

Pinterest ist für viele Kreative eine Anlaufstelle in Sachen Design-Ideen jeglicher Art. Die Suchfunktion macht Pinterest zusätzlich zu einer relevanten Bild-Plattform: einerseits um eigene Werke zu präsentieren, andererseits um zu schauen, was andere Künstlerinnen und Künstler kreiert haben. In diesem Sinne ist ein Besuch auf Pinterest so etwas wie ein digitaler Schaufensterbummel, um sich von einem vielfältigen Angebot inspirieren zu lassen.

Podcasts

Ein Podcast ist ein digital aufgenommenes Gespräch – eine Audiosendung, wie sie das Radio seit Jahrzehnten macht, weshalb man auch von einer Demokratisierung der Radiokultur sprechen kann. Auf allen großen Musik-Plattformen wie iTunes, Spotify, Soundcloud, amazon music etc. besteht die Möglichkeit, Podcasts anzubieten, die auch abonnierbar sind. Diese jüngste Content-Form hat sich damit nicht nur zu einem

Massenmedium entwickelt, sondern auch zu einem zentralen Thema für die eigene Entwicklungsstrategie.

Podcasts sind in der Regel längere Gespräche zwischen 20 Minuten und mehreren Stunden. Häufig dauern Podcast-Episoden 60 Minuten. Es gibt aber auch Podcasts, die im Schnitt zwischen zwei und vier Stunden pro Episode dauern und ein Millionenpublikum erreichen. Bezüglich der Dauer gibt es also keine Vorgaben oder Empfehlungen; jeder muss für seine Podcast-Idee seinen eigenen Rhythmus finden und dementsprechend eine Zeitspanne festlegen.

Heute kann jeder Gespräche aufzeichnen und publizieren (siehe Kap. 4.1 Audio-Content). Für Podcasts braucht man ein gewisses Set an Hardware und Recording-Technik, unter anderem Audio-Interface, XLR-Kabel, Mikrofone, Mikrofonständer, Laptop etc. All diese Teile erhält man bereits für kleines Geld, sodass es nur noch technische Einstiegsbarrieren gibt.

TikTok & Snapchat

Sowohl TikTok als auch Snapchat sind Videoplattformen für kurzweilige Unterhaltung mittels sogenannter shorts (von short, engl. für kurz). TikTok-Video zeichnet sich vor allem durch skurrile Kurzvideos aus, in denen es um Momentaufnahmen und Außergewöhnliches geht. Gerade unter jüngeren Menschen sind beide Anbieter hoch relevante Social Networks und wichtige Konsumier- und Darstellungs-Plattformen. Man spricht auch von ›ephemeral content‹, von flüchtigem Inhalt, weil es um besonders kurzweiligen Content geht. Snapchat lässt die Nutzer kurze Video-Botschaften austauschen, die sich nach kurzer Zeit wieder löschen. Dadurch wird mitunter Intimeres ausgetauscht. Videos können mit speziellen interaktiven Filtern stark verändert werden. Snapchat erfindet immer neue Filter und Tools für Content-Creators bzw. Video-Ersteller.

5.2   Social-Media-Strategie

Die Social-Media-Strategie spielt innerhalb des Online-Marketings eine entscheidende Rolle. Denn sie ist maßgeblich dafür verantwortlich, dass die selbstgesteckten Ziele erreicht werden und die aus der Strategie abgeleiteten Maßnahmen Erfolg haben. Strategie-Pläne geben eine Schrittfolge vor und sorgen dafür, dass man alle relevanten Aspekte im Blick behält.

5.3   Social-Media-Tools

Es gibt eine überschaubare Anzahl an Tools, die einem bei der täglichen Arbeit mit Social Media weiterhelfen. Die wichtigsten sind die Werbe- und Analyticsfunktionen der einzelnen Social Networks selbst, denn hierüber lassen sich alle Werbe- bzw. Performance-Marketing-Kampagnen (siehe Kap. 7) monitoren und steuern.

Darüber hinaus gibt es Redaktionstools, die es ermöglichen, fertige Beiträge zu planen und gleichzeitig auf mehreren Social Networks zu publizieren. Wenn man nach Social-Media-Redaktionstools sucht, findet man schnell größere Anbieter, wie Later later.com oder Buffer buffer.com. Hier muss jeder selbst entscheiden, welches Werkzeug am besten zu einem passt. Durch derartige Tools ist man unabhängiger von spontanen Postings; mit ihnen kann man eine gewisse Grundaktivität gewährleisten und Nachrichten effektiver verbreiten.

Checkliste Social-Media-Strategie

1. **Situation analysieren und Visionen formulieren**
   Wer bin ich?
   Wohin will ich?
   Was will ich erreichen?

2. **Zielgruppe(n) festlegen**
   Wen will ich erreichen?

3. **Messbare Ziele definieren**
   Reputation verbessern
   Streams erhöhen
   Verkäufe generieren
   Besucher auf den Shop hinweisen u. a. m.

4. **Social Media Kanäle auswählen**

5. **Content definieren**
   Video
   Podcast
   Fotos
   Text

6. **Kampagnen planen und durchführen**
   Budgetvorgaben beachten
   Zeitvorgaben beachten

7. **Erfolgskontrolle durchführen**

Eine weitere wichtige Gruppe von Tools, die den Prozess der Content-Erstellung unterstützt, sind Vorlagen (engl. Templates). Damit ist man in der Lage, schnell und intuitiv eigene, ansprechende und professionell wirkende Inhalte zu erstellen. So kann man beispielsweise im Bereich der bildenden Kunst mit Canvy (canvy.com) arbeiten, indem man seine Bilder in unterschiedlichen Settings oder Hängungen auf einer digitalen Wand platziert. Diese Settings können als Bilddatei zu Social-

Media-Zwecken verwendet werden. Canva (canva.com) ist ein sehr beliebtes Tool, um passgenauen Social-Media-Content zu erstellen. Canva bietet die größte Auswahl an Templates und anderen Vorlagen für alle möglichen Beiträge wie Bildergalerien, Sound-Bits, Kurzvideos, Grafiken etc.

TIPP

Probieren Sie aus, mit welchem Social-Media-Redaktionstool Sie am besten arbeiten können. Die meisten Anbieter bieten kostenlose Testversionen an, die mit einigen Basisfunktionen ausgestattet sind (Freemium Modelle).

5.4   Planung und Organisation

Im Bereich Social Media ist ab einer gewissen Online-Reichweite und Followerschaft ein Redaktionstool unabdingbar, das als zentrales Organisations- und Planungstool für die eigenen Social-Media-Aktivitäten dient. Um allerdings effektiv damit arbeiten zu können, sollte man sich zuvor Gedanken über ein integriertes Marketing-Konzept machen, in dem auch regelmäßige Impulse für Social-Media-Beiträge festgehalten sind (siehe Kap. 4.4). Anschließend kann man konkrete Ideen in einen Plan eintragen und auf die Veröffentlichung hinarbeiten. Mit einem Planungstool umgeht man spontane Überforderungen und durch eine Vernetzung der Arbeit wird die Erfassung, Planung und Transparenz aller Online-Marketingaktivitäten enorm erleichtert.

Wenn man beispielsweise an einem Event (Lesung, Premiere etc.) teilnimmt, dann wird in dem Social-Media-Plan unter anderem festgehalten:

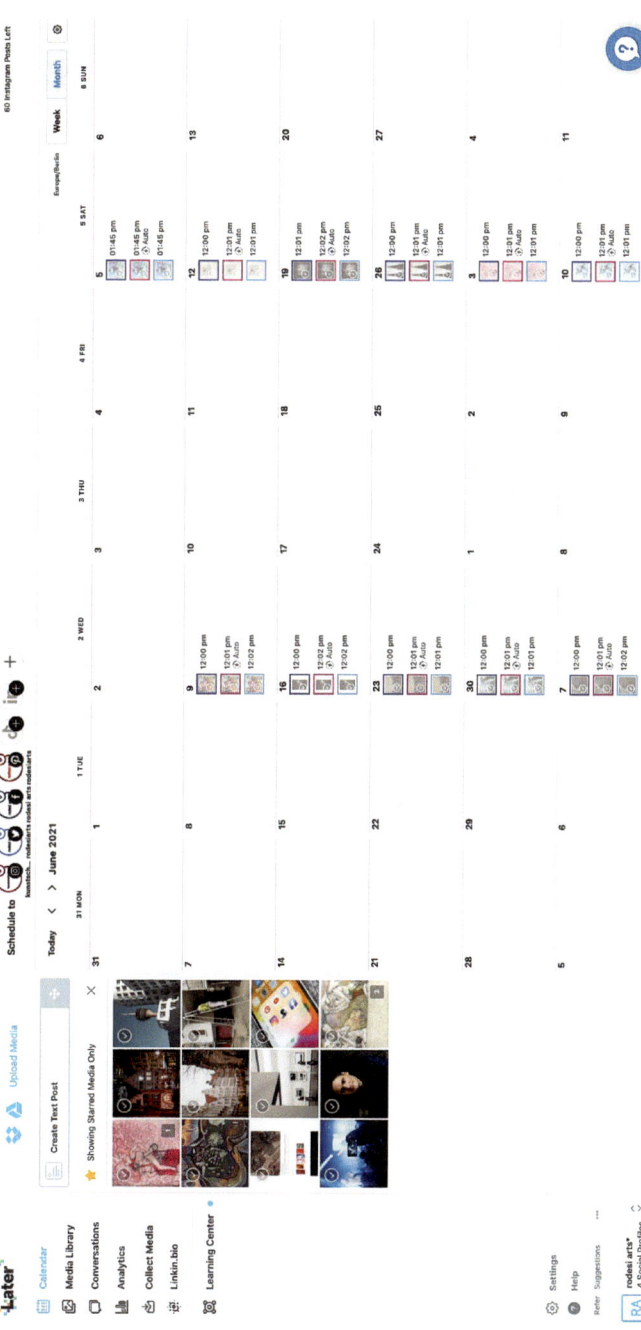

Screenshot des Social-Media Redaktionstools von Later (later.com)

- Foto und Clip vom Act,
- Foto und Clip mit Kolleginnen und Kollegen aus meiner Szene,
- Foto und Clip mit wichtigen Influencern,
- Reposts von Presseberichten (laufend),
- Kurzer Live-Bericht, max. fünf Sätze als Video-Clip.

Das Wichtigste auf einen Blick

➤ Die Anzahl relevanter Social-Media-Plattformen für Kunstschaffende ist übersichtlich. Fokussieren Sie sich auf wenige Kanäle.

➤ Social-Media-Plattformen sind in der Regel in folgender Reihenfolge relevant: Instagram, Facebook, Personal Homepage mit Blog & News, YouTube, Twitter, TikTok / Snapchat.

➤ Keine Angst vor der Technik! Alle großen Plattformen bieten hervorragendes Lehrmaterial in Form von Videos, Podcasts etc. – auch und gerade für Personen, die sich das erste Mal mit den wichtigsten Funktionen vertraut machen wollen.

6   Personal Homepage

Eine Homepage ist, wie es die wörtliche Übersetzung nahelegt, das Zuhause von etwas: das Zuhause einer digitalen Existenz mit ihrem dazugehörigen Mobiliar, ihren Online-Inhalten. An keinem anderen Ort im Internet bekommt der interessierte Besucher eine bessere Übersicht zu allen oder ausgewählten Werken, Publikationen, biografischen Daten, zu Videos und Fotos sowie Links zu weiteren Quellen und Online-Profilen einer Künstlerin oder eines Künstlers.

Die ideale Homepage ist also so etwas wie eine digitale Broschüre, die einfach und schnell eine komprimierte Übersicht zu allen wichtigen Werken und Eigenschaften einer Person ermöglicht. Aber sie bietet unstrittig mehr, denn die Inhalte mit mitunter animierten, interaktiven Bewegtbildern lassen die Darstellungsmöglichkeiten des Papierdrucks weit hinter sich und werden zu einer Art sicht- und begehbaren Vita. Zudem kommen die grundsätzlichen Vorteile von Webseiten uneingeschränkt zum Zuge: permanente Erreichbarkeit und Verfügbarkeit sowie globale Reichweite.

Die Homepage ist zu einem weltweiten Standard geworden. Sie lässt sich bei allen ambitionierten Berufsgruppen, wie Politikern und Sportlern, oder auch sonstigen Gruppen finden. Im Bereich der Kunstszene wird sie aber noch lange nicht optimal genutzt (siehe Kap. 1.2). Die Social-Media-Welt, mit den ihr eigenen Besonderheiten, nutzt diesen Standard und erweitert ihn neben anderen um die Komponenten Vernetzung und Kommunikation. Webseiten haben Social Media überlebt indem sie Social Networks integriert haben und behaupten sich somit als unverwüstlicher Eckpfeiler in der digitalen Kommunikation.

Im Gegensatz hierzu gleicht eine Homepage zu Beginn einer weißen Bildfläche bzw. Canvas, um es in der Sprache der Maler auszudrücken, die es auszufüllen gilt. Nach Fertigstellung gleicht sie im Idealfall einer Festkleidung, einem maßgeschneiderten Kostüm oder Anzug und wird zu einer Seite, die seine Trägerin bzw. seinen Träger sehr gut kleidet und ihr/ihm eine gute Figur macht. Wie bei den meisten medientechnischen Verfahren wird nur über eine gute konzeptionelle und umfassende Vorarbeit und der Liebe zum individuellen Detail am Ende ein starker positiver Effekt beim Betrachter erzeugt. Gerade die Vielseitigkeit dieses Online-Kanals stellt eine große Herausforderung dar.

TIPP

Betrachten Sie Ihre Personal Homepage als Visitenkarte für die digitale Welt. Nach Fertigstellung gleicht sie einem maßgeschneiderten Kostüm oder Maßanzug. Beides macht eine gute Figur.

Social-Media-Plattformen bieten standardisierte, vorgefertigte Formulare an, die mit Texten, Fotos, Videos und anderen Inhalten ausgefüllt werden müssen. Deshalb sind die Zugangsbarrieren zu einem individuellen Social-Media-Profil als niedrig einzustufen. Über feststehende Layouts entstehen übersichtliche Profile, die je nach Portal unterschiedliche Ausprägungen haben.

6.1 Entstehungsprozess einer Personal Homepage

Bevor es um die Erstellung einer Homepage geht, sollten alle On- und Offline-Inhalte gesichtet werden, die es von der Person bereits in veröffentlichter Form gibt. In einem zweiten Schritt wird das Gefundene mit der lebenden Person und deren Eigenschaften und persönlicher Vita abgeglichen. Anschließend gilt es, die Differenz zwischen vorhandenen und benötigten Inhalten auszugleichen.

—— TIPP

Sammeln Sie Links zu Homepages die Ihnen gefallen und identifizieren Sie die Gemeinsamkeiten Ihrer Lieblingsseiten. Übertragen Sie diese positiven und attraktiven Eigenschaften auf Ihren eigenen Internetauftritt.

Man beginnt damit, sich einen umfassenden Überblick zu verschaffen. Alle Inhalte schließen auch Details ein wie: Texte, Bilder, Fotos, Videos und Audio-Dateien. Aus all diesen verschiedenen Bausteinen entsteht ein erster Entwurf. Darin sollte man berücksichtigen ...

- was vorhanden ist,
- was für die Personal Homepage eins zu eins übernommen werden kann,
- was von den Inhalten zwar nicht ideal ist, jedoch durch Modifikation und Umformatierung weiter verwendet werden kann,
- was noch fehlt bzw. was neu erstellt werden muss, um ein kohärentes und vor allem vollständiges Bild einer Person darstellen zu können.

Wichtig für eine starke Website sind alle Entscheidungen, die man unter dem Gesichtspunkt ›Auswählen & Kuratieren‹ zusammenfassen kann. Je größer das Lebenswerk oder das Oeuvre einer Person ist, desto schwerer fällt die Auswahl. Aber eine Webseite kann immer nur so gut sein wie ihre besten Inhalte. Also müssen Antworten auf folgende Fragen gefunden werden:

- *Welche Inhalte sind wichtig?*
- *Welche Inhalte können vernachlässigt werden?*
- *Welche Inhalte sind für die Zielgruppe relevant?*
- *Welche Inhalte sind interessant?*
- *Welche Inhalte stellt man auf welche Weise am besten dar?*
- *Welche Hierarchie-Ebenen gilt es zu berücksichtigen?*

Der Aspekt der Vollständigkeit spielt hier eine untergeordnete Rolle und betrifft höchstens die formale Struktur. Denn eine Personal Homepage wird nie vollständig sein, da die Inhalte sowohl stetig hinzukommen als auch in jeweils anderen Kontexten und auf eine neue Art und Weise belichtet und interpretiert werden können. Das gilt sogar für Werk-Retrospektiven, Ausgaben letzter Hand oder einen ›Catalogue raisonné‹ (ein nach wissenschaftlichen Standards erstelltes Verzeichnis sämtlicher Werke). Nirgendwo kommt man dem Leben und dem wirklichen Wesen eines Künstlers in so komprimierter Form näher als in einem ständig aktualisierten Online-Werkverzeichnis (siehe Kap. 6.3).

6.2 Tools und Systeme

Ohne Content-Management-Systeme (CMS) kann man individuell gestaltete Webseiten nicht realisieren und betreiben. Man
braucht Software-Tools, unter denen Wordpress, eine Open-
Source-Option, bei weitem nicht die einzige ist, allerdings die
am weitesten verbreitete und bekannteste. Daneben gibt es
aber auch proprietäre Anbieter, die ihre Lösung für Geld vermarkten. In diesem Zusammenhang fallen Namen wie Squarespace aus den USA, Wix aus UK oder Jimdo aus Deutschland.
WebFlow ist auch ein interessantes Tool, jedoch eher etwas für
den fortgeschrittenen und code-affinen Webseiten-Kreator.

Nutzt man Webseiten-Baukästen wie Squarespace oder Wix,
kann man von einem sehr guten und weltweiten Hosting seiner
Webseite ausgehen. Diese Services haben große Server-Spe-
zialisten-Teams und nutzen im Hintergrund oft Server-Groß-
anbieter wie AWS (Amazon Web Services) oder Azure (Micro-
soft). Selbst administrierte Homepage-Server können mit den
technologischen Leistungen hier nicht mithalten. Für Webseiten mit nur wenigen und regionalen Besuchern reicht jedoch
oft ein günstiges selbst gehostetes Wordpress als Basis einer
Homepage aus. Die wichtigsten Anforderungen an die technischen Funktionen einer Webseite sind schnell aufgelistet:

Responsives Layout / responsive design   Die Inhalte müssen
auf allen gängigen Screengrößen gleichermaßen gut lesbar
sein. Die Breite von Textpassagen passt sich dann automa-
tisch der gegebenen Bildschirmgröße an, auf denen die Inhalte gelesen werden. So werden für einen Smartphone-
Screen alle Fotos einer Galerie untereinander gesetzt dargestellt, auf einem Desktop-Monitor hingegen hat dieselbe
Galerie drei Spalten und sieht eher wie eine Mauer aus. Bei

der Gestaltung einer Webseite muss man immer beide Nutzermöglichkeiten im Auge haben: die Mobile-Screen- und die Desktop-Monitor-Variante.

Ladezeit   Je schneller eine Webseite lädt desto besser. Ein guter Richtwert ist unter einer Sekunde. Je nach verfügbarer Internetverbindung, die man nutzt (3G, 4G, WLAN etc.), laden Webseiten mal schneller oder langsamer. Daher sollte man die Gesamtgröße aller Dateien wie Bilder und Grafiken seiner Webseite im Auge behalten. Je mehr Bilder man zeigen möchte, umso mehr Daten müssen dem Nutzer auf sein Endgerät übermittelt werden. Gerade bei selbst gehosteten Wordpress-Systemen kommen oft kostengünstige, dafür aber langsame Server zum Einsatz.

Sicherheit   Die Webseite sollte ein sicheres SSL-Zertifikat (https://www. …) nutzen. Bei dieser Art der Verbindung werden zwischen dem Webserver (Ort, wo die Webseite gehostet wird) und dem User (Person, der die Daten empfängt und in einem Browser oder einer App angezeigt bekommt) alle Daten verschlüsselt übermittelt. Ein Sicherheitsstandard, der sich mit nur wenigen Klicks bei einem Hosting Provider bestellen lässt.

Suchmaschinenoptimierung (SEO   Eine Verbindung mit Google Search Console garantiert eine Indexierung durch Google (siehe Kap. 7.2).

Leicht zu bedienendes Backend   Als relativ leicht zu bedienen gelten Systeme wie Wordpress oder Webseitenbaukästen à la Squarespace, Wix oder Jimdo. Sie sind für den DIY-Nutzer konzipiert und können ohne große Computer-

Navigation der Personal Homepage von Martina Gedeck (martina-gedeck.com)

oder Programmierkenntnisse bedient werden. Für andere CMS-Systeme benötigt man oft externe Hilfe, um Änderungen und Pflege vorzunehmen.

6.3 Seitennavigation

Durch die Seitennavigation werden die inhaltlichen Bausteine eines Künstlers, die ›Essenz seiner Existenz‹ in eine adäquate Struktur gebracht. Dabei sollte die Hauptnavigation sich nicht in endlosen Menü-Punkten verlieren. Die erste Hierarchie-Ebene sollte sich vielmehr durch maximal fünf bis sechs Unterseiten auszeichnen.

—— TIPP

Achten Sie darauf, dass Ihr Werk auf der Personal Homepage in eine adäquate Struktur gebracht wird. Die erste Hierarchie-Ebene sollte nicht mehr als fünf oder sechs Unterseiten aufweisen.

In der zweiten Ebene, dem Untermenü, ist man je nach Layout etwas freier, aber auch hier sind sieben bis acht Punkte in der Regel völlig ausreichend. Die Maxime lautet: reduzieren und bündeln – bis man nichts mehr reduzieren kann, ohne dabei das Wesen oder das Werk der Person zu verzerren. Das ist leichter gesagt als getan, denn der Teufel steckt in den Details, die das Leben mit sich bringt. Trotz aller Abwägungen im Einzelfall lassen sich für jede Hauptnavigation folgende wichtige Menüpunkte nennen, die immer wieder vorkommen:

Startseite   Die Visitenkarte für die digitale Welt. Hier ist der erste Eindruck entscheidend. Die Startseite gibt den Ton vor und setzt durch Farb-, Schrift- und (Bewegt-)Bildwahl emotionale Akzente, die zum Erkunden der Website per Klick einladen. Von der Startseite aus erreicht man alle wichtigen Unterpunkte, übersichtlich und intuitiv. Header, Slider oder ein eingebundenes Video haben sich als Aufmerksamkeitsgarant etabliert; Social-Media-Profile sind nach einem ähnlichen Prinzip aufgebaut.

Vita, Bio, About   Wer ist die Person? Was macht sie besonders? Hier bieten sich Kurzbiografien in Text- und Tabellenform an. Man sollte individuell entscheiden, was am besten zur eigenen Person und Vita passt.

Termine   Die meistbesuchte Seite der Personal Homepages ist die Rubrik Termine. Kein Wunder – viele Website-Besucher interessieren sich besonders für die nächsten öffentlichen Auftritte, in welcher Form auch immer sie stattfinden mögen: als Show, Konzert, Get-together, Release (Markeneinführung) etc.

Abbildung rechts: Startseite der Personal Homepage von Maren Sell (marensell.fr) © Maren Sell, Paris
Portrait Maren Sell: © Léa Crespi, Paris

Maren Sell

Maren Sell est une **romancière** et **éditrice franco-allemande.** Elle a fondé la maison d'édition **Maren Sell Éditeurs** en 1986. Maren Sell a participé en 1973 à la création du quotidien français **Libération.**

À Paris, février 2016. Photo de **Léa Crespi**

Presse Unter Presse steht, wann, wie häufig, wo oder wie und von wem über jemanden berichtet wurde. Dieser Pressespiegel bietet eine Übersicht zu (aktuellen) Inhalten, die mit der Person oder ihrem Werk zusammenhängen. Hier findet man Informationen über anstehende Veranstaltungen und Events, wobei in einem ausgewiesenen Downloadbereich Texte und Bildmaterial abdruckfrei zur Verfügung stehen. Die Presse als wichtiges Publicity-Organ sollte immer bedient und eingebunden werden (siehe Kap. 3.10).

Impressum Das Impressum klärt die Frage nach der publizistischen und redaktionellen Verantwortung. Mindestangaben laut § 5 Telemediengesetz sind: Name, Anschrift, Rechtsform des Webseitenbetreibers sowie dessen Kontaktdaten. Selbstständige müssen die Firmenbezeichnung, die Steuernummer sowie die Rechtsform angeben; juristische Personen sind zu weiteren Angaben verpflichtet. Ein Hinweis auf Links auf externe Seiten sollte nicht fehlen. Oft findet man die Formulierung: »Alle Links auf externe Seiten obliegen nicht der inhaltlichen Verantwortung des Betreibers. Die Inhalte dieser Links sind von den jeweiligen Online-Diensteanbietern zu verantworten.«

Kontakt Neben der verpflichtenden Angabe für Webseitenbetreiber im Impressum kann man zusätzliche Kontakt-Mails angeben, wie z.B. vorname@xyz.de. Vielfach werden indirekte Kontaktmöglichkeiten über eine neutrale Kontaktform wie booking@xyz.com oder kontakt@xyz.com bevorzugt. Große Namen in der Kunstszene haben meistens einen Kontakt-Intermediär eingeschaltet, beispielsweise eine Booking-Agentur oder einen Agenten bzw. Manager. Dies wirkt ab einem bestimmten Bekanntheitsgrad seriöser und dient zur Filterung von Anfragen.

Datenschutzgrundverordnung (DSGVO)   Seit Inkrafttreten der Datenschutzgrundverordnung, die den größtmöglichen Schutz personenbezogener Daten intendiert, muss jeder Webseitenbetreiber seinen Besuchern offenlegen, welche Art von Daten durch einen Besuch der Webseite an selbige übergeben und gespeichert werden, was mit diesen Daten passiert, wie lange diese gespeichert werden und wo und wie man persönliche Daten einsehen und löschen lassen kann. Dieses Recht hat jeder Besucher und es muss entsprechend vorbereitet und beachtet werden. Entsprechende Formulierungen bedeuten einen nicht zu unterschätzenden Arbeitsaufwand, den man juristisch absichern sollte (siehe Kap. 8).

Barrierefreiheit   Alle Web-Angebote, die von Nutzern unabhängig von ihren Einschränkungen oder technischen Möglichkeiten uneingeschränkt genutzt werden können, gelten als barrierefrei. Eine Website ist also dann barrierefrei, wenn sich Einschränkungen beim Sehen, Hören, Bewegen oder beim Verarbeiten von Informationen nicht negativ darauf auswirken, wie die Informationen einer Website genutzt werden. Die Leitlinie https://bik-fuer-alle.de/webinhalte-barrierefrei-pflegen.html mag als erste Orientierung dienen. Weitergehende Informationen findet man auf den Seiten des W3C oder in der Richtlinie des Europäischen Parlaments und des Rates über den barrierefreien Zugang zu den Websites und mobilen Anwendungen öffentlicher Stellen.

Angaben zum Impressum, zu Kontaktmöglichkeiten, zur Datenschutzrichtlinie sowie zur Barrierefreiheit stehen in der Regel unten auf der Seite. Für sie wird ein eigenes Footer-Menü angelegt, das beispielsweise abgeschlossen wird mit ›kunstschaffende.com – made with ♥ in cologne – all rights reserved, 2022‹.

6.4 Online-Werkverzeichnis

Das Herzstück einer jeden Personal Homepage: die umfassende, oft kommentierte Zusammenstellung aller bekannten Werke. Viele Künstlerinnen und Künstler zeigen ihr Gesamtwerk in Form von Katalogen und / oder Werkverzeichnissen. Catalogue Raisonné heißt der entsprechende Fachbegriff im Bereich der bildenden Kunst, Diskografie bei Musikern, Filmografie bei Filmschauspielern usw. Hier gilt es, ein lückenloses Abbild des gesamten Schaffens (in Phasen) aufzuzeigen. Transparenz, Korrektheit und Übersichtlichkeit sind dabei elementare Voraussetzungen für Vollständigkeit und exakte Werk-Chronologie.

> **TIPP**
>
> *Behandeln und betrachten Sie Ihr Werkverzeichnis als das Herzstück Ihrer Personal Homepage.*

Der Vorteil gegenüber gedruckten Verzeichnissen: Online-Werkverzeichnisse können jederzeit aktualisiert werden und ermöglichen einen unmittelbaren, barrierefreien und weltweiten Zugang zu allen relevanten Informationen. Davon profitieren alle Interessenten: Sammler, Leser, Fans, Besucher, Presse, Kollegen und alle, die sich kein (oft teures) gedrucktes Werkverzeichnis leisten können oder wollen. Leider sind Online-Werkverzeichnisse noch kein Standard bei den ›Großen‹ der Branche: Etwas weniger als die Hälfte betreibt eigene Webseiten und nur knapp ein Fünftel hat und pflegt ein Online-Werkverzeichnis (siehe Kap. 1.2). Die digitale Transformation in der Künstlerszene ist also noch lange nicht abgeschlossen.

Abbildung rechts: Startseite der Personal Homepage von Martina Gedeck (martina-gedeck.com) © Martina Gedeck, Berlin Portrait Martina Gedeck: © Siebbi on flickr.com, CC BY 2.0

Martina Gedeck

Die schriftlichen Beiträge in Form von Büchern, Zeitungen und Magazinen werden inkl. etwaiger Links in Form einer Tabelle aufgelistet. Die Veröffentlichung eines Buchs hat grundsätzlich einen sehr hohen Stellenwert in Kultur und Gesellschaft; in abgestufter Form gilt dies auch für Beiträge in Print-Medien.

Videos, Audios (auch Sounds) und Fotos (auch Bildergalerien) werden in chronologischer Reihenfolge präsentiert. Der aktuelle Inhalt wird als erstes gezeigt, ältere weiter hinten.

6.5   Gestaltung: Layout und Design

Ohne ein gewisses Grundwissen über Schriften lassen sich die Inhalte nicht ansprechend gestalten. Es sollte also einen Mitarbeiter im Team geben, der sich mit Schriften auskennt und sie – jenseits von Arial, Times New Roman, Open Sans und Georgia – einzusetzen weiß. Zum Bereich der Typografie zählen auch Gestaltungselemente wie Schriftgröße, Wortabstände, Zeilenanstände, Absätze, Überschriften etc. Alle diese Faktoren wirken auf das realisierte Schriftbild ein; einige offensichtlich, andere eher subtil.

Abbildungs rechts: Startseite der Personal Homepage von Peter Trawny (petertrawny.de) © Peter Trawny, Düsseldorf
Gemälde: © Peter Schmersal, Wuppertal (peter-schmersal.de)

Liebe Freundinnen und Freunde,

auf dieser website könnt Ihr Euch ein wenig über mich informieren. Auch biographische Daten stelle ich zur Verfügung. Ich arbeite zur Zeit an einem Text, den ich "**Eine Theorie dieses Subjekts**" nenne (eine Art von Autobiographie). Zwei Texte stehen vor der Publikation: "**Krise der Wahrheit**" im Fischer-Verlag und "**Hitler, die Philosophie und der Hass**" bei Matthes & Seitz. Auch ist die Arbeit am **Band 102 der Heidegger-Gesamtausgabe** (Vorläufiges I-IV. Schwarze Hefte 1963-1970) abgeschlossen. Darüber hinaus wurde die Veröffentlichung von "**Mystik der Baruta. Zu Clarice Lispector**" bei Matthes & Seitz - ein Buch, das mir sehr am Herzen liegt - auf das Frühjahr 2022 verschoben.

Habe gerade Nietzsche gelesen: "Die Grenzen der Vernunft begreifen - das erst ist wahrhaft Philosophie ..." (Der Antichrist) Der Satz ist mir sympathisch. Wie aber, wenn man zwar diesseits, aber nie jenseits dieser Grenze denken kann? Oder meint Nietzsche, die Philosophie ist auch ein Denken jenseits der Vernunft? Die Philosophie begönne mit ...

Mit herzlichen Grüßen

Euer

Peter Trawny

Hitler, die Philosophie und der Hass
112 Seiten, Matthes & Seitz, 2021

Krise der Wahrheit
256 Seiten, S. FISCHER, 2021

Aus dem Englischen übersetzt von Peter Trawny
88 Seiten, Vittorio Klostermann, 2020

Aus dem Englischen übersetzt von Peter Trawny
136 Seiten, Vittorio Klostermann, 2020

Aus dem Englischen übersetzt von Peter Trawny
294 Seiten, Vittorio Klostermann, 2020

Philosophie der Liebe
272 Seiten, S. FISCHER, 2019

Vittorio Klostermann

f ⊙

TIPP

Lesen Sie das Buch Schrift wirkt! *von Jim Williams und Gesine Hildebrandt und werten Sie diesen Klassiker für Ihre eigene Schrift-Lösung aus.*

Wenn man von ›unterschwelliger Wirkung‹ spricht, muss man auf jeden Fall das Thema Farben bzw. Farbwelten mit einbeziehen. Vorgaben für die farbliche Gestaltung sollten von der Person kommen, für die die Website erstellt wird. Grundsätzlich wird von einem weißen oder schwarzen Hintergrund ausgegangen. Farben, die der Kunstschaffende in seinen Werken verwendet, bieten Anhaltspunkte für eine gutes Farbspektrum. Auf diese Weise entsteht ein persönliches und individuelles, aber dennoch neutrales Farbumfeld. Die Inhalte müssen klar und deutlich dargestellt werden, denn sie stehen mit den Werken im Fokus und bestimmen das Stimmungsbild. Das Webdesign dient lediglich als stabiles Gerüst und ist kein Selbstzweck.

Ein überzeugendes Layout entsteht selten von allein. Im Vorfeld, nach Vorgesprächen und Rückfragen, wird jeder Webseiten-Entwickler bzw. -Ersteller mit den Inhalten, deren Anordnungsmöglichkeiten und den ausgewählten Farben auf einer unbeschriebenen Grundfläche unterschiedliche Gestaltungs-Konstellationen ausprobieren, bis letztendlich der ›Maßanzug‹ sitzt und eine individuelle Website entstanden ist. Da jeder Inhalt und jede Künstler-Story eine andere ist, gibt es kein Patentrezept.

Wer noch kein Grau gedacht hat

von Peter Sloterdijk

300 Seiten • Verlag Suhrkamp Erscheinungstermin: 11.04.2022 Solange man kein Grau gemalt habe, sagte Paul Cézanne einmal, sei man kein Maler. Wenn Peter Sloterdijk diesen Satz auf die Philosophie überträgt, mag dies als unerläutertes Behauptungsereignis wie eine maßlose Provokation klingen. Warum sollten Philosophen eine einzelne Farbe denken, anstatt sich mit Ethik, Metaphysik oder Logik zu beschäftigen? Doch schon eine erste historische Grabung verschafft der...

*10. Dezember 2021
Neues Buch*

(ERSTER SATZ) AUS «KRITIK DER ZYNISCHEN VERNUNFT», 1983

Seit einem Jahrhundert liegt die Philosophie im Sterben und kann es nicht, weil ihre Aufgabe nicht erfüllt ist.

PRESSEBEITRÄGE

14. Mai 2022
«Là, il s'est produit quelque chose qui signe vraiment la sortie de l'après...

letemps.ch – De passage à La Chaux-de-Fonds, au Club 44, Peter Sloterdijk livre sa lecture d'une actualité guerrière qui...

von LE TEMPS

27. April 2022
„Der Himmel kann es doch"

zeit.de – „Peter Sloterdijks Leidenschaft heißt Grau. Ein Gespräch über die Zeitenwende, seltenes Glück und den neuen farbenpolitischen Imperativ"

von Die Zeit

21. April 2022
« Les Français ne votent pas avec leur cerveau »

lepoint.fr – „Depuis Berlin, le philosophe le plus décapant d'Europe analyse l'élection présidentielle avec son mordant habituel." Propos recueillis...

von Le Point

11. April 2022
„Wir sind in einer Ära der zweiten Zensur"

welt.de – Was kommt nach den hohen Jahren des Wunschdenkens? Ein Gespräch mit dem Philosophen Peter Sloterdijk über die...

von WELT

17. März 2022
Il virus, l'Occidente e la tirannia dell'irrazionale

vitaepensiero.it – a cura di Stefano Vastano / Dalle proteste dei no-vax, forme puerili del neocinismo contemporaneo, alla crisi...

von Vita e Pensiero

22. Februar 2022
„Die Welt auf Distanz halten"

cicero.de – Ob Trump, Rechtspopulismus oder Demonstrationen gegen die Corona-Maßnahmen. Für den Philosophen Peter Sloterdijk sind die Proteste gegen...

von Cicero Magazin

31. Januar 2022
"Vienen tiempos duros para quienes viven la vida moderna"

elpais.com – El filósofo alemán, uno de los pensadores más brillantes de su generación, cree que los que no...

von EL PAIS

22. Dezember 2021
„Es wird viel mehr möglich, als wir uns träumen lassen"

handelsblatt.com – Wir leben in einer Zeit der Veränderung, die immer weitere Veränderungen verursacht, sagt der Philosoph Peter Sloterdijk...

von Handelsblatt

IM BUCHHANDEL ERHÄLTLICH

6.6 Content-Pflege

Im Footer einer Personal Homepage steht oftmals das Jahr, seit dem es die Website gibt bzw. in dem ihre Grundstruktur zuletzt überarbeitet wurde. Hier sollte immer das aktuelle Jahr als letztes oder einziges stehen. Sehr oft erkennt man den Grad der Verwahrlosung einer Webseite am Alter bzw. am Stand der letzten konzentrierten Aktualisierung.

TIPP

Stellen Sie zum Jahresbeginn Ihren Website-Footer auf die neue Jahreszahl um und aktualisieren Sie gegebenenfalls Ihre Inhalte.

Auch im Hinblick auf Neuigkeiten (Termine, Publikationen etc.) sollte man darauf achten, den aktuellen Stand anzugeben. Eine Webseite mit veralteten Inhalten oder großen Lücken macht ›keine gute Figur‹. Als Faustregel gilt: Je mehr die Inhalte einer Personal Homepage das aktuelle Geschehen und Leben der Person wiedergeben, desto mehr muss man dem Wirkungsfaktor ›Aktualisierung‹ Rechnung tragen.

Technische Aktualisierungen sind ebenfalls in regelmäßigen Abständen durchzuführen. Hierzu gehören:

- Verlängerung der Domain (jährlich),
- Bezahlung des Hosting-Providers und ggf. Anpassung der Leistungen (jährlich),
- Update des Betriebssystems des Servers bei einem selbstgehosteten Wordpress CMS-System (ca. alle zwei Jahre),
- Verlängerung des SSL-Zertifikats (ca. alle zwei Jahre),
- Bei Wordpress: Update des CMS und der Plugins im Auge behalten (mindestens monatlich).

6.7 Externe Dienstleister

Eine Webseite ist Vertrauenssache – gibt man doch viel von seinem Werk und von seinem Leben preis. Oftmals administriert der Website-Ersteller diese noch Jahre danach und pflegt neue Inhalte gewissenhaft ein. In diesem Fall wurde Vertrauen aufgebaut, das in die Zukunft wirkt.

Für die wenigsten Kunstschaffenden ist die Do-it-Yourself-Variante eine Option, da es die eigenen technischen Fähigkeiten oftmals überschreitet. Auch sogenannte No-Code-Webseiten-Anbieter, wie Squarespace oder Wix, erfordern ein gewisses Gefühl und Erfahrung im Umgang mit dem Bau einer Webseite. Erstlingswerke sind und bleiben Erstlingswerke. So bleibt für die meisten Akteure der Kunstszene nur die Option Outsourcing: Man sucht sich externe Dienstleister, die die Website erstellen und verwalten (siehe Kap. 7.11). Trotzdem sollte man sich eine Übersicht über Backend-Funktionen der eigenen Webseite verschaffen, um so das eine oder andere selbst zu administrieren. Wer mit dieser Fertigkeit (neudeutsch Skill) gleich zu Beginn seiner Karriere aufwarten kann, reduziert Abhängigkeiten und schont sein Portemonnaie.

Anbieter für maßgeschneiderte individuelle Webseiten lassen sich in zwei Rubriken aufteilen. Auf der einen Seite gibt es spezialisierte Digital-Agenturen für komplexere Vorhaben inkl. Online-Werkverzeichnissen, Social Media und Shops. Auf der

── TIPP

Wenn Sie auf der Suche nach einem Freelancer sind, der Ihre Personal Homepage erstellen und betreuen soll, schauen Sie in das Impressum von Websites, die Ihnen gefallen. Kontaktieren Sie daraufhin Website-Betreiber und Ersteller.

anderen Seite stehen Freiberufler, die eine ›normale‹ Personal Homepage mit Bildern, Texten und eingebundenen Videos betreuen (siehe Kap. 9).

Das Wichtigste auf einen Blick

➤ Die Personal Homepage ist der anspruchsvollste und aufwändigste Online-Kanal in Sachen Planung, Erstellung, Kosten und Pflege.

➤ Stellen Sie sicher, dass Ihre Domain (z. B. www.nachname.de bzw. https://nachname.com) auch wirklich Ihnen gehört. Dafür muss der Account des Domain-Anbieters, in dem Ihre Domain verwaltet wird, auf Ihren Namen und Ihre Adresse laufen. Nur dann gehört Ihnen Ihre Domain auch in rechtlicher Hinsicht.

➤ Machen Sie sich mit den Grundfunktionen des Backends Ihrer Homepage vertraut. So reduzieren Sie Abhängigkeiten und können selbst Neuigkeiten oder andere Anpassungen steuern.

➤ Nutzen Sie sogenannte ›No-Code Webseiten-Baukästen‹ (z. B. Squarespace oder Jimdo) als Content Management System (CMS). Vermeiden Sie selbstgehostete CMS-Systeme. Früher oder später wird jeder privat betriebene Server gehackt.

➤ Ein ansprechend bebildertes Online-Verzeichnis aller Ihrer Werke ist ein sehr starkes Alleinstellungsmerkmal in Ihrer Außendarstellung. Online-Werkverzeichnisse sind aufwändig in der Erstellung, jedoch sehr effektiv für Kommunikation mit Fans und Interessierten.

7 Organisation & Management

Kunst muss zu Betrachtern hingeführt oder Käufern angeboten werden. Die Frage ›Wie finde ich meine Fans und Käufer?‹ beeinflusst die Karriere eines Künstlers ebenso stark wie die Kunst selbst. Kunstschaffende mögen noch so begabt sein – wenn sie keine geschäftlichen Beziehungen aufbauen können, werden sie es schwer haben. Denn ab einer gewissen Stufe ist man auch Unternehmer, der die eigene Kunst vermarkten muss.

> *Wie organisiert man seine Online-Marketing-Aktivitäten?*

> *Wie optimiert man seine Sichtbarkeit in Suchmaschinen wie Google?*

> *Auf welche Messgrößen sollte man besonders achten?*

> *Was ist der richtige Online-Marketing-Mix für Berufsstarter oder Kunstschaffende auf hohem Niveau?*

Künstlerische Genialität alleine reicht nicht, um im Markt erfolgreich zu sein. Wer Erfolg haben möchte, muss selbst gut organisieren können oder zumindest gute Mitspieler oder berufsmäßige Dienstleister haben – sei es als Manager oder als langfristiges, loyales Mitarbeiter-Team.

Selbermachen oder Outsourcen?

Zu Beginn ihrer Karriere werden Berufsstarter in der Regel viele Bereiche des Online-Marketings selbst übernehmen. Später, bei entsprechenden Erfolgen, wird man es sich leisten können, einzelne To-dos oder komplette Aufgabenbereiche an fähige Mitarbeiter abzugeben. Outsourcing nennt man das Phänomen, wenn man ›auswärtige Quellen‹ in Anspruch nimmt. Der Nachteil: Outsourcing hat seinen Preis; man muss ein Management mit entsprechender Verwaltung, mit entsprechenden Gehältern oder Honoraren, Kontrollen, Regeln, Absprachen etc. installieren und bezahlen. Diese Liste kann beliebig verlängert werden. Der unstrittige Vorteil: Outsourcing gibt einem Zeit zurück, die man nutzen kann, um sich um seine Projekte zu kümmern. Kreative Freiräume öffnen sich (wieder).

Outsourcing ist vor allem dann eine ökonomisch relevante Option, wenn durch das eigene Werk mehr Geld verdient wird als durch die Kostenersparnis im verwaltungstechnischen Bereich. Anders formuliert: Verdiene ich mehr durch meine Kernkompetenz, den künstlerischen Output, oder verdiene ich mehr durch Kostenreduzierungen in meinem künstlerischen Gesamt-Unternehmen? Für alle kommerziell Erfolgreichen ist dies eine eher rhetorische Frage. Denn die Antwort liegt auf der Hand: Kunst geht vor.

Für die Professionalität in begleitenden Arbeitsabläufen sorgen bezahlte Dienstleister, die sich um Assistenten, Mate-

TIPP

Nutzen Sie Möglichkeiten des Outsourcings. Denn das kommt Ihrer künstlerischen Kreativität zugute und Sie gewinnen Zeit, sich um Ihre Kernkompetenz zu kümmern.

rialbeschaffung, Transport, Versicherungen, Finanzen und Controlling kümmern. Dasselbe gilt für das Management des Online-Marketings. Auch hier sorgen Spezialisten für das reibungslose Abwickeln erforderlicher Maßnahmen.

I love it > It's O.K. > I hate it

Man muss ehrlich zu sich selbst sein und einschätzen können, wo die eigenen Stärken liegen. Organisiere ich neben meiner kreativen Arbeit gerne ? Kümmere ich mich gerne um Vertragsdetails? Kann ich mich gut vorbereiten? Vergesse ich keine Absprachen? Kann man diese oder ähnliche Fragen mit einem JA beantworten, stellen Aufgaben rund um Organisation und Management kein größeres Problem dar. Aber wie so viele Menschen neigen auch manche Künstlerinnen und Künstler dazu, wichtige To-dos aufzuschieben oder zu warten, bis sich einiges ›von alleine‹ erledigt – sie prokrastinieren.

Wer den Fokus auf seine schöpferisch-intuitiven Fähigkeiten legt, braucht für eine gute Planung und Organisation externe Hilfe. In diesem Fall sollte man einen oder mehrere feste Partner an seiner Seite haben, die alle Online-Marketing-Aktivitäten steuern – nicht immer ein Idealzustand, da externe Marketing-Manager nicht zwangsläufig und in allen Bereichen genauso denken wie man selbst. Doch diese Lösung ist besser als eine schlecht ausgeführte Eigenlösung.

Wie geht man mit seinem eigenen künstlerischen Output um? Wie organisiert man den Balanceakt zwischen Kreativität und Pflichtprogramm? Seine Fähigkeiten richtig einzuschätzen und ggf. externe Hilfe zu nutzen, ist nicht nur ein Gebot der Klugheit, sondern erspart viel Frustration im Umgang mit dem eigenen Umfeld – und vor allem im Kontakt mit seinen Fans.

7.1 Kundenbindungs-Management (CRM)

Jeder, der von seiner Kunst leben will, pflegt Kontakte zu unterschiedlichen Verbindungen, Kooperationen und Netzwerken, von denen er profitiert. Damit die Routine leichter zu bewältigen ist, sollte er entsprechende Tools nutzen. Sofern Prozesse automatisiert ablaufen, spricht man von Customer Relationship Management (CRM). Hier ist eine einfache Kontakt- oder Mailing-Liste ein erster Schritt in Richtung Kundenbindungs-Management. Über entsprechende Listen kann man effektiv und problemlos mit seinen Zielgruppen kommunizieren. Gängige und zugleich einfache Tools sind die klassische Excel-Tabelle oder spezielle Verwaltungs-Apps für Kontakte.

Nicht nur in der Kunstszene werden im Bereich Online-Marketing spezielle Newsletter-Systeme eingesetzt wie beispielsweise MailChimp (mailchimp.com).

7.2 Suchmaschinenoptimierung (SEO)

Im Rahmen der Search Engine Optimization (SEO) unterscheidet man zwischen On-page SEO und Off-page SEO. On-page fasst alles zusammen, das innerhalb einer Webseite optimiert werden kann, während Off-page alle optimierungsbedürftigen Faktoren außerhalb der eigenen Webseite betrifft. So wird eine Verlinkung der Homepage auf Wikipedia (für das Off-page SEO sehr gut) von Google als starkes Signal angesehen und führt zu einem besseren Ranking bei Suchanfragen.

Wichtig ist die Verlinkung der Webseite auf Google Search Console. Unter https://search.google.com/search-console kann jeder mit einem Google-Konto, in der Regel der Website-Administrator, seine eigene Website registrieren. Anschließend übergibt man den Link zur Sitemap der Webseite an Google. Dieser eine Link endet in der Regel mit /sitemap.xml.

Nachdem Google die Webseite mit all ihren Unterseiten erfasst hat, erhält man ein technisches Feedback. Man erfährt, wie gut oder wie schlecht die Webseite indexiert werden kann, je nachdem, in welchem Maße sie den erforderlichen Standards entspricht. Wichtige Parameter hierbei sind:

- Ladezeit der Webseite (Mobil und Desktop),
- Schriftgrößen,
- Abstände von Bildern und Textboxen,
- Einzigartigkeit der Inhalte (eigene Beiträge oder Kopien).

Aus diesen und weiteren Faktoren errechnet Google einen Seiten- oder Inhaltswert, anhand dessen die Anbieter im Internet gerankt werden und entsprechend in den Suchergebnissen weiter oben oder unten erscheinen.

—— TIPP

Achten Sie auf Ihr Ranking bei Google. Sie können dieses aktiv beeinflussen, indem Sie sich bei der Erstellung Ihrer Website an die von Google vorgegebenen technischen Standards halten.

7.3   Suchmaschinenwerbung (SEA)

Search Engine Advertising (SEA) umspannt alle Maßnahmen zur Gewinnung von Traffic, beispielsweise für die eigene Webpräsenz oder den eigenen Web-Shop. Im engeren Sinn versteht man unter SEA bezahlte Werbekampagnen bei Google. Die Anzeigen erscheinen dann oberhalb der ersten organischen Suchergebnissen auf Monitoransicht an der rechten Seite von den Suchergebnissen, teilweise auch am unteren Rand. Im Rahmen einer sorgfältig vorbereiteten Kampagne werden keyword-basierte Ads (Werbeanzeigen) gebucht. Dabei muss der Werbungtreibende festlegen:

- Ziel der Kampagne,
- Höhe des Werbebudgets,
- Aufmachung der Anzeige mit ihrem Werbeversprechen,
- Beginn der Kampagne,
- Ende der Kampagne.

In der Regel testet man mehrere Varianten und behält die Anzeigen, die am besten angenommen bzw. am meisten angeklickt werden. Jeder Schritt dieses mehrstufig und interaktiv angelegten Werbeprozesses ist einzeln mess- und analysierbar. Im Idealfall führt die Anzeige nicht nur zu Klicks, sondern auch zu einem Kauf, der sich in der sogenannten Conversion-Rate (CVR) niederschlägt. Sie bezeichnet unter anderem die Anzahl der Abschlüsse im Verhältnis zur Anzahl der Besucher eines Shops. Kaufen beispielsweise 50 von insgesamt 1.000 Besuchern einer Webseite das angebotene Produkt, liegt die CVR bei 5 Prozent. Aber was ist eine gute Conversion Rate? Man kann davon ausgehen, dass eine CVR von 1 bis 2 Prozent recht gut ist. Mit dem Begriff ›Conversion‹ verbindet man aber nicht nur Abschlüsse; je nach Kampagnenziel kann man auch andere Transaktionen wie einfache Kontaktaufnahmen oder eine Newsletter-Anmeldung als Conversion-Ziel definieren.

7.4 Crossmediales Marketing

Im Rahmen umfangreicher Online-Werbekampagnen werden sehr oft dieselben Inhalte und Beiträge für unterschiedliche

Social-Media-Kanäle oder Online-Plattformen aufbereitet und publiziert; sie sind crossmedial konzipiert. Hierbei ist die Auswahl der passenden Kanäle wichtig; diese ist wiederum abhängig von den jeweiligen Anforderungen und Zielen als Berufsstarter oder als internationaler Star (siehe Kap. 10).

Im Bereich des Social-Media-Managements kommen spezielle Redaktions-Tools wie Later (later.com) zum Einsatz. Diese Tools verbinden nicht nur alle Social-Media-Kanäle, sondern man kann mit ihnen auch einzelne Posts entwerfen und diese dann über mehrere Kanäle zu frei wählbaren Terminen automatisiert publizieren. Wer nur einmal pro Woche etwas postet, benötigt solche Tools nicht zwingend. Spitzenkünstlerinnen, Spitzenkünstler oder von der Kritik gefeierte Stars hingegen posten nahezu täglich, um ständig mit ihrer Fangemeinde verbunden zu sein. Hier lohnt sich sehr oft der Einsatz von Redaktionstools.

7.5 Performance-Marketing

Performance-Marketing steht für bezahlte Werbeschaltungen im Internet und ist, sofern es im großen Stil betrieben wird, längst ein Thema für Spezialisten geworden. Für die Kunstszene ist es allerdings nur relevant, wenn man verkaufsstarke Produkte anbietet, die einen hohen Gewinn in Aussicht stellen. Die wichtigen Social Networks und Content-Plattformen für ein effektives Performance-Marketing sind schnell genannt: Instagram, Facebook, Twitter, Google-Suchmaschine (AdWords) und YouTube.

Reaktionen oder Transaktionen sind exakt messbar. Cost per Click (Kosten pro Klick auf meine Anzeige) ist eine gängige Kenngröße für die investierten Kosten. Hierzu ein Beispiel: Ein

Autor verkauft sein E-Book im Direktvertrieb über seine eigene Webseite. Dabei nutzt er Facebook oder Google Ads, um Kaufwillige, die zu seiner Zielgruppe gehören, auf sein Angebot aufmerksam zu machen. Dabei bezahlt er pro 1.000 Werbeeinblendungen auf Facebook oder Google einen fixen Betrag, beispielsweise 5 Euro. Angenommen es wird durch diese 1.000 Einblendungen ein Kauf ausgelöst, ergeben sich durchschnittliche Verkaufs-/Werbekosten für ein eBook von 5 Euro. Somit ergibt sich der Gewinn aus der Differenz der Werbekosten pro eBook und dem eBook-Preis und dürfte sich durchaus lohnen. Liegt der eBook-Preis bei über 5 Euro, dann stimmt die Performance.

TIPP

Überprüfen Sie, ob ein professionell durchgeführtes Performance-Marketing für Ihre eigenen Produkte und Werke interessant sein könnte.

7.6 Analytics und Messgrößen

Analytics umfasst alle Werte und Statistiken rund um die benutzten Online-Kanäle. Alle großen Social Networks und Content-Plattformen dokumentieren die Entwicklung und jüngste Besucherzahlen. Grobe Trends sollten einem professionellen Künstler bekannt sein. Die Datenanalyse weist unter anderem aus:

- Anzahl der Nutzer,
- (Tages-)Zeit bzw. Wochentag der Kontaktaufnahme,
- Content-Auswahl der Nutzer,
- Länge des Besuchs (Verweildauer).

Im Rahmen der Analyse sollte man sinnvolle Zeitabschnitte, beispielsweise Monate oder Quartale, berücksichtigen; jeweils ergänzt um Vergleichszahlen zum Vorjahreszeitraum. So erkennt man Trends besser.

Wer ein effektives und langfristig erfolgreiches Online-Marketing betreiben möchte, muss sich mit einigen Online-Messgrößen vertraut machen und wissen, was sie bedeuten. Zu den wichtigsten Messgrößen zählen:

Anzahl der Seitenaufrufe   Wie oft wird eine Webseite geladen bzw. aufgerufen? Jeder Aufruf zählt.

Anzahl der Sitzungen / Visits   Wie viele Sitzungen (Besuche) hat die Webseite? Ein Besuch kann durchaus mehrere Seitenaufrufe haben. Er wird also nur einmal gezählt, selbst wenn ein einzelner Nutzer sich durch mehrere Unterseiten klickt.

Anzahl der einzelnen Besucher   Wie viele einzelne Personen haben die Website besucht? Hier wird jede Person nur einmal gezählt, auch wenn sie im Verlauf einer Betrachtungsperiode häufiger eine Webseite besucht.

Verweildauer   Wie viel Zeit haben einzelne Personen durchschnittlich auf einer Website verbracht?

Anzahl / Anteil konvertierter Besucher   Wie hoch ist der Anteil der Besucher, die am Ende einen Kauf oder Stream getätigt oder andere digitale Angebote angenommen haben?

Anzahl der organischen Besucher   Wie viele Besucher haben die Webseite ohne Verweise / Links oder sonstige

Anregungen besucht? Meistens sind dies die eigenen Fans und Personen aus dem eigenen Team, die die Website kennen oder gebookmarkt (als Link gespeichert) haben.

Anzahl der Besucher über Verweise Wie viele Besucher haben die Webseite über einen Link erreicht? Das kann über einen Blog-Beitrag, eine Rezension oder sonstige Pressemitteilung erfolgen. Links spielen in Social-Media-Networks eine wichtige Rolle.

Anzahl der Besucher über Suchmaschinen Wie viele Besucher haben die Webseite über Suchergebnisse einer Suchanfrage erreicht?

Kosten pro Klick Was hat mich ein Klick auf einen Link in meiner Werbeanzeige am Ende gekostet? Hier dividiert man die Gesamtkosten einer Kampagne durch die erzielten Klicks auf die Anzeige. Die Kosten pro Klick (Costs per Click) belaufen sich von wenigen Cents, selten unter 10 Cent, bis auf mehrere Euros.

7.7 Der passende Online-Marketing-Mix

Es gibt unterschiedliche Online-Aktivitäten, die sich nach den jeweiligen Anforderungen und Besonderheiten der Branche, dem Tätigkeitsfeld oder der beruflicher Karrierestufe richten. Viele Kunstschaffende und Berufsstarter fühlen sich in Anbetracht der zahlreichen Social-Media-Kanäle und Content-Plattformen schlichtweg überfordert. Hinzu kommt eine sich ständig verändernde digitale Wirklichkeit, an die man sich anpassen muss.

➤ *Welche Plattform wählt man als erste?*

➤ *Ab welchem Zeitpunkt ist es sinnvoll, Content auf allen relevanten Kanäle zu platzieren?*

➤ *Ab welchem Bekanntheitsgrad sollte Video-Content professionell erstellt werden?*

Berufsanfängerinnen und Berufsanfänger

Dieser Personenkreis hat gerade seine Ausbildung abgeschlossen und bestreitet erste eigene Schritte. Das eigene berufliche Umfeld ist klein und überschaubar. Deshalb reicht in der Regel ein Instagram-Konto, um Einblicke in die eigene erste Schaffens- und Lebenswelt zu geben. Wer parallel dazu eine kleine Webseite unterhält, ist bereits vielen Mitbewerbern um einige Schritte voraus.

Mit Instagram, einer Website und evtl. noch einer E-Mail-Liste, bestehend aus Freunden, Kollegen, Fans etc., nutzt man drei Online-Marketing-Kanäle, über die man bereits sehr effektiv mit seinem Umfeld kommunizieren kann. Organisation und Management bedeuten hier vor allem Selbst-Management und Self-Marketing.

Aufstrebende Künstlerinnen und Künstler

Hier geht es um Künstlerinnen und Künstler, die die ersten beruflichen Schritte gemeistert haben und als Freischaffende erste Erfolge nachweisen können. Sie arbeiten bereits mit Agenten, Künstler-Agenturen oder Galerien zusammen und

haben unter Umständen auch schon erfolgreiche Showauf-
tritte oder Ausstellungen hinter sich.

Diese Künstlergruppe unterhält meistens einen Instagram-,
Twitter- und/oder Facebook-Account sowie eine Personal
Homepage, häufig in Zusammenarbeit mit externen Online-
Experten. In der Regel warten sie schon mit einem ersten
Portrait-Video auf, im Idealfall von einer unabhängigen Video-
produktionsfirma oder einem Freelancer erstellt, und unter-
halten einen eigenen Podcast.

Sie sind aber auch auf anderen Webseiten zu sehen, beispielsweise auf denen von Galerien, Musiklabels oder Verlagen
und wirken als Gesprächsgast in Podcasts mit. Unter Umständen reicht der Bekanntheitsgrad bereits für eine erfolgreiche Crowdfunding-Kampagne, um anstehende Projekte zu
finanzieren.

Von der Kritik gefeierte Künstlerinnen und Künstler

Diese Künstlerinnen und Künstler operieren als Basis mit
Instagram, Facebook, Twitter und haben eine solide bis starke
Personal Homepage, meistens mit bereits integriertem Online-
Werkverzeichnis. Ferner bieten sie Einblicke in aktuelle Infor-
mationen sowie Texte und Rezensionen, die in der Fachpresse
veröffentlicht wurden.

Fast alle sind mit Videos auf YouTube zu finden – auch
wenn sie diesen Online-Kanal nicht selber aktiv betreiben.
Denn dafür sorgen die zahllosen Fans und Verehrer, die im
Rahmen des User-generated Contents oder im Rahmen von
News-Content und Berichterstattungen in Erscheinung treten.
Daher führt eine YouTube-Suche zu einer Fülle unterschied-
licher Videos.

Ferner dürfte bereits ein Wikipedia-Artikel über sie erstellt worden sein oder sie besitzen als Schauspielerin oder Schauspieler ein Profil in der International Movie Database (IMDb). Bei bildenden Künstlern findet man höchstwahrscheinlich Werke auf Artsy und Artnet. Wer möchte, kann an unzähligen Debatten und Gesprächen teilnehmen. Als gefeierter Künstler stehen einem fast alle Türen offen.

Spitzenkünstlerinnen und Spitzenkünstler

Spitzenkünstlerinnen und Spitzenkünstler haben erfahrene Partner und helping hands an ihrer Seite, ohne die sie es gar nicht erst so weit gebracht hätten. Viele von ihnen, vor allem die mit aufwändigen Werken, Produktionen oder Projekten, beschäftigen Dutzende feste oder freie Mitarbeiter.

Sie nutzen möglichst alle für sie relevanten Kanäle (siehe Kap. 3) und sind online überall dort, wo auch die eigenen Fans anzutreffen sind. Sie haben meistens einen starken Fokus auf das Format Video. Denn herausragende Videos haben – im Vergleich zu den anderen Content-Formen – die mit Abstand größte Reichweite.

Spitzenkünstlerinnen und Spitzenkünstler scharen ferner ein Team von Assistenten um sich, auf das sie die unterschiedlichen Aufgabenbereiche des Online-Marketings verteilen. Die Spezialisten in diesem Umfeld führen Berufsbezeichnungen wie Social-Media-Manager (Kurzform Channel-Manager). Videoproduzenten kümmern sich um YouTube, Vimeo sowie Instagram und Copyrighter, Fotografen und Texter sind für das variierende Begleitmaterial zuständig.

In der Regel pflegen sie ein vollständiges Online-Werkverzeichnis, das es weltweit jedem Interessierten ermöglicht, sich schnell einen Überblick über das Gesamtwerk zu verschaffen. Content-Management-Systeme wie Wordpress oder Squarespace machen es möglich.

7.8 Agilität bei Projekten und Prozessen

Agiles Projektmanagement entstammt weitestgehend der Softwarebranche, in der Produkte vor allem nach agilen Methoden entwickelt und stetig weiterentwickelt werden. Agilität wird inzwischen in allen Branchen gelebt und ist längst kein Geheimtipp mehr. Deshalb sind agile Methoden auch für die professionelle Arbeit in den Bereichen Kunst und Kreativität sinnvoll. Zu den wichtigsten Grundsätzen und Werten agiler Arbeitsweisen gehören:

- Individuen und Interaktionen beeinflussen Prozesse und Tools und nicht umgekehrt.
- Teams sollen die Tools verwenden, die ihnen nutzen und mit denen sie gut arbeiten können.
- Prozesse sollen von den Menschen her gedacht werden, die in sie involviert sind.
- Der Fan / Kunde / Interessent steht im Mittelpunkt.
- Man führt keine starren Pläne aus, sondern schreitet in vielen kleinen Schritten (iterativ) nach vorne.

> Wie Jeff Bezos einmal sagte:
> »*Slow is smooth and smooth is fast.*«

Das Wichtigste auf einen Blick

➤ Stellen Sie sicher, dass Ihre Inhalte in den Suchmaschinen – vor allem bei Google – gefunden werden
können. Überlassen Sie das nicht dem Zufall.
Google sagt Ihnen, was zu tun ist.

➤ Entwickeln Sie ein Gespür dafür, wie sich Ihre wichtigsten Online-Messgrößen über die Zeit entwickeln.
Sind die Zahlen im Aufwind?

➤ Online-Marketing läuft über mehr als nur einen Kanal.
Beiträge lassen sich dank nützlicher Redaktionstools
mit nur geringen Anpassungen auf mehreren Kanälen
gleichzeitig publizieren.

➤ Professionelles Performance-Marketing ist nur etwas
für bereits etablierte Kunstschaffende. Wer den Markt
für seine Werke noch nicht gefunden hat, wird ihn mit
Performance, d. h. mit bezahlter Werbung, selten
finden.

➤ Sehen Sie Ihre Online-Marketing-Aktivitäten als
einen andauernden Prozess. Denn ›nach‹ einem
Social-Media-Beitrag ist gleichzeitig immer auch
›vor‹ einem Social-Media-Beitrag. Denken Sie deshalb in kleinen Schritten und schielen Sie nicht auf
den ›großen Wurf‹, der sich häufig am Ende doch
nur als ein aufwändiges Strohfeuer herausstellt.
Konstante Kommunikation ist effektiver als ›die‹
groß angelegte Marketing-Kampagne.

8 Rechtliche Aspekte

Urheberfragen, personenbezogene Daten, Verträge. Im Rahmen des Online-Marketings kommt man mit unterschiedlichen rechtlichen Themen in Berührung, denn das Internet ist kein rechtsfreier Raum. Und je detaillierter sich die Aktivitäten im Internet abspielen, desto differenzierter entwickelt sich auch die Gesetzgebung. Hinzu kommt, dass viele Gesetze auf EU-Richtlinien Rücksicht nehmen müssen.

Es ist empfehlenswert, sich gleich zu Beginn einer Karriere grundlegende Informationen in Sachen Recht anzueignen oder Kontakt zu Beratungsstellen aufzunehmen, die einem bei Bedarf weiterhelfen. Denn man sollte rechtssicher durch den beruflichen Alltag kommen.

Missachtung der Bestimmungen und Rechtsverstöße können zu unangenehmen rechtlichen Folgen führen. So verfolgen Abmahnvereine mitunter Verstöße gegen Wettbewerbsregeln und die Impressumspflicht (siehe Kap. 8.5) und fordern den Abgemahnten zur Abgabe einer ›strafbewerten Unterlassungserklärung‹ auf. Hierfür fallen zwar keine Kosten an, aber Gebühren entstehen bereits bei der Abmahnung und den in Rechnung gestellten Anwaltskosten, die wiederum vom Gegenstandswert der Abmahnung abhängen. So wird ein drei- bis vierstelliger Betrag schnell erreicht.

Je erfolgreicher sich eine Künstlerkarriere entwickelt, desto komplexer werden die Sachverhalte, die vertraglich geregelt werden müssen. Ab einem bestimmten Punkt auf der Karriereleiter ist es auf jeden Fall ratsam einen Rechtsbeistand hinzuzuziehen. Vor allem, wenn es um komplexe Vorgänge oder hohe Vertragssummen geht, handelt man sogar fahrlässig, wenn man auf die Rückversicherung eines Anwalts verzichtet. Es versteht sich von selbst, dass die folgenden Kapitel die wichtigsten Rechtsbereiche nur anreißen und eine rechtliche Beratung nicht ersetzen können.

—— TIPP

Nehmen Sie Kontakt zu einem Fachanwalt auf, wenn Sie sich überfordert fühlen oder unsicher sind. Fragen Sie lieber einmal zu viel nach als einmal zu wenig. Das Standardwerk zum Thema für den deutschen Rechtsraum ist Recht im Online-Marketing *von Christian Solmecke und Sibel Kocatepe. Empfehlenswert für alle, die sich über Rechtsgrundlagen informieren möchten.*

8.1 Urheberrecht

Das Urheberrecht dient dem Schutz des geistigen Eigentums in ideeller und materieller Hinsicht. Besonders Kunstschaffende müssten für dieses Thema sensibilisiert sein, gehören sie doch zu der kreativen Personengruppe, deren ökonomische Existenz zu einem großen Teil von Geldbeträgen abhängt, die aus Verwertungsrechten resultieren. Deshalb gilt: Beim kleinsten online platzierten Schnipsel Content sollte man sich darüber im Klaren sein, wer der Urheber ist und ob bzw. zu welchen Bedingungen man ihn veröffentlichen darf.

Unter Umständen reicht die Namensnennung eines Fotografen oder der Verfassername unter einem Textauszug mit dem Copyright-Vermerk. In anderen Fällen muss man das Abdruckrecht für Texte, Filme oder Fotos kostenpflichtig erwerben – oder aber auf den entsprechenden Content verzichten. Bei Verstößen gegen das Urheberrecht stehen unter Umständen empfindliche Geldstrafen auf dem Plan.

Digitale Abbildungen der eigenen Werke werden von speziellen Online-Plattformen wie beispielsweise YouTube und SoundCloud zwar für eigene Zwecke, jedoch unter deren Geschäfts- und auch Datenschutzbedingungen, gehostet und veröffentlicht. Das sollte man stets im Auge behalten. Sind die Datenschutzbedingungen einer Online-Plattform zum Beispiel nicht DSGVO-konform, ist von deren Nutzung abzuraten.

8.2 Datenschutz

Im Zeitalter des Internets und der sich rasant entwickelnden Informationstechnik gewinnt der Datenschutz immer größere Bedeutung. Die Datenschutz-Grundverordnung (DSGVO) ist eine Verordnung der Europäischen Union mit dem Ziel einer Vereinheitlichung der Datenschutzbestimmungen in den EU-Mitglieds-ländern. Im Fokus steht der Schutz natürlicher Personen bei der Verarbeitung personenbezogener Daten. Ferner regelt die DSGVO die Anforderungen an technische Prozesse der Datenspeicherung wie auch an Techniken zur Identifikation von Personen, beispielsweise durch Cookies. Der Datenschutz wird in der Regel verstanden als Schutz vor missbräuchlicher Datenverarbeitung, Schutz des Rechts auf informationelle Selbstbestimmung, Schutz des Persönlichkeitsrechts bei der Datenverarbeitung und Schutz der Privatsphäre.

Wer beispielsweise versehentlich E-Mails für alle in einem Verteiler sichtbar macht, hat bereits den Datenschutz missbraucht. Derartige Daten-Leaks, d. h. nicht autorisierte Übertragungen personenbezogener Daten an Dritte, sind für alle Beteiligten sehr unangenehm und sollten unter allen Umständen vermieden werden. Man sieht: Auch als professioneller Künstler kommt man mit dem Datenschutz in Berührung. Denn jeder nutzt E-Mail-Verteilerlisten oder hat Kundendaten auf seinem Rechner bzw. in seinem Cloud-Speicher. Auf der Homepage entstehen personenbezogene Daten in Form von Besucherstatistiken; hier müssen User und Fans darüber informiert werden, welche Daten zu welchen Zwecken gespeichert werden.

—— TIPP

Achten Sie darauf, einen Cookie-Hinweis auf Ihrer Webseite einzubinden. Meistens erfolgt dies über ein kleines Pop-up-Fenster. Dieses fragt den Besucher, ob er mit der Cookie- und Datenschutzvereinbarung der Webseite einverstanden ist. Falls nicht, dürfen keine personenbezogenen Daten wie Besucher-Herkunft (Ort, Land) oder IP-Adresse gespeichert werden.

Man sollte alle seine Informationen, Accounts und Services mit sicheren Passwörtern schützen. Nicht nur aus gestzlichen Gründen. Denn nichts ist ärgerlicher als ein gehacktes Kundenkonto oder ein gehackter Web-Server. Hacker lassen sich in der Regel nicht ausfindig machen. Nur bei großen finanziellen Schäden werden Strafverfolgungen eingeleitet und selbst dann werden die Täter nur in den seltensten Fällen gefasst. Was weg ist, ist meistens für immer weg. Mit gestohlenen Daten lassen sich fast zwangsläufig auch die nächsten Straftaten begehen.

8.3 Persönlichkeitsrecht

Das Persönlichkeitsrecht ist ein Grundrecht, das dem Schutz einer Person vor Eingriffen in ihren Lebens- und Freiheitsbereich dient. Hierbei werden unterschieden:
- Öffentlichkeitssphäre,
- Sozialsphäre,
- Privatsphäre,
- Intimsphäre.

Für Künstler ist das Persönlichkeitsrecht vor allem dann relevant, wenn sie Bilder oder Fotos von anderen Personen in die eigene Kunst einbinden möchten. Im Internet spielt das ›Recht am eigenen Bild‹ eine zentrale Rolle. Denn Bildnisse von Personen dürfen nur mit deren Einwilligung verbreitet oder öffentlich zur Schau gestellt werden. Besondere Vorsicht ist bei Fotos geboten, auf denen Minderjährige zu sehen sind.

TIPP

Nutzen Sie vor der Veröffentlichung von Fotos, auf denen fremde Menschen abgebildet sind, im Zweifelsfall die Expertise eines Fachanwalts. Es gilt zwar die Kunstfreiheit, aber das Persönlichkeitsrecht wird in der Regel höher bewertet.

8.4 Vertragsrecht

Das Vertragsrecht bildet den rechtlichen Rahmen für jede Form von Verträgen, d.h. von mehrseitigen Rechtsgeschäften mit mindestens zwei übereinstimmenden Willenserklärungen. Das Vertragsrecht regelt das Zustandekommen von Verträgen und die dazugehörige Vertragsabwicklung, ferner die Rechtswirkungen von Verträgen sowie etwaige Vertragsverletzungen. Auch im Bereich des Online-Marketings geht man zahlreiche Verträge ein, unter anderem:

- Hosting-Verträge,
- Verträge über Serviceleistungen,
- Arbeitsverträge,
- Verträge mit Freelancern.

Beim Abschluss komplexer Verträge ist es ratsam, einen spezialisierten Fachanwalt hinzuzuziehen. Vor allem im Bereich des Arbeitsrechts sind Auseinandersetzungen oftmals langwierig, zeitintensiv und teuer und sollten unter allen Umständen vermieden werden.

Zudem ist die Personalentlohnung mit Steuerexperten abzusprechen. Von Freiberuflern/Freelancern lässt man sich Rechnungen über ausgeführte Leistungen ausstellen. Für fest angestelltes Personal müssen – sowohl im Falle geringfügig Beschäftigter als auch bei Teil- oder Vollzeitstellen – zusätzlich zum Gehalt Sozialabgaben abgeführt werden.

8.5 Impressumspflicht

Derjenige, der eine Webseite besucht oder eine Publikation nutzt, sollte die Möglichkeit haben, die Seriosität des Anbieters zu überprüfen. Hierzu dient das Impressum. Dadurch können sich die Besucher/Leser ein Bild über das Unternehmen oder die Personen machen, die hinter der Internetseite stehen und diese redaktionell verantworten. Man kann sie gegebenenfalls kontaktieren oder aber rechtliche Ansprüche gegen sie durchsetzen.

Das Impressum (bei Veröffentlichungen im Internet spricht man von Anbieterkennzeichnung) ist bei allen Print- und Online-Veröffentlichungen zu erstellen. Wen die Impressumspflicht trifft, regelt im Detail das Telemediengesetz (TMG). Grundsätzlich kann man davon ausgehen, dass sie für alle Internetangebote gilt, die geschäftlichen Zwecken dienen, also für Suchmaschinen, Websites, Online-Shops und Social Networks, falls sie gewerblich genutzt werden. Zu den Pflichtangaben gehören:

- Name des Website-Betreibers/Dienste-Anbieters,
- Anschrift des Website-Betreibers/Dienste-Anbieters,
- Angaben zur schnellen Kontaktaufnahme (Telefonnummer, E-Mail-Account),
- Umsatzsteuer-Identifikationsnummer.

Rein private Webseiten sind von der Impressumspflicht ausgenommen. Denn das Telemediengesetz spricht nur von geschäftsmäßigen Online-Diensten, die eine Anbieterkennzeichnung benötigen. Wer kein korrektes Impressum angibt, läuft Gefahr, abgemahnt zu werden.

Übrigens: Auch für den kaufmännischen Schriftverkehr gelten Vorgaben. So müssen in Geschäftsbriefen und in der E-Mail-Signatur bestimmte Angaben enthalten sein. Auch für Kunstschaffende und Kreative gelten, auch wenn sie nicht im Handelsregister eingetragen sind, folgende Pflichtangaben:

- Inhaber mit Vornamen und Familiennamen,
- Name des Unternehmens (Firmenbezeichnung),
- Geschäftsadresse.

Es kommt also nicht darauf an, ob ein Eintrag im Handelsregister vorliegt, sondern nur darauf, ob der Versender der E-Mail gewerblich – also nicht mehr privat – tätig ist.

8.6 Fernabsatzrecht

Online-Handel hat einen gewerblichen Charakter und wird von Kaufleuten betrieben. Nach der gesetzlich vorgeschriebenen Gewerbeanmeldung unterliegt man klar definierten Pflichten und Rechten, die Bestandteil des Fernabsatzrechts sind. Dieser Rechtsbereich beschäftigt sich mit den besonderen Regeln für sogenannte Fernabsatzverträge. Das sind Verträge zwischen Käufer und Verkäufer über Waren und Dienstleistungen, die ohne direkten physischen Kontakt zwischen den Vertragsparteien zustande gekommen sind, also per Telefon oder im Internet.

Kunstschaffende erzeugen eine breite Palette an Werken (Gemälde, Drucke, Sondereditionen, Poster, Merchandising-Artikel u. a. m.), die sie unter anderem auch über das Internet verkaufen. Hier laufen die Geschäftsprozesse nach klar definierten Standards ab, wie zum Beispiel Rücksendungen und Umtauschprozesse gemäß den Bestimmungen des Widerrufs- und Rückgaberechts. Auch gesetzliche Gewährleistungspflichten gilt es zu berücksichtigen. Grund genug, sich mit den rechtlichen Besonderheiten vertraut zu machen, um sich nicht strafbar zu machen oder sich dem Risiko einer Abmahnung oder mitunter teuren Auseinandersetzungen mit unzufriedenen Kunden und Käufern auszusetzen.

Im Rahmen des Fernabsatzrechts gibt es die sogenannte Informationspflichten. Diese betreffen Angaben, die vor Vertragsabschluss bekannt gemacht werden müssen, wie:

- Identität und Anschrift des Lieferers,
- Eigenschaften der Ware oder Dienstleistung,
- Preis einschließlich aller Steuern und Lieferkosten,
- Einzelheiten hinsichtlich der Lieferung oder Erfüllung,
- Einzelheiten hinsichtlich der (Voraus-)Zahlung,

- Widerrufsrecht,
- Informationen über Kundendienst und geltende Garantie-
  bedingungen;
- Kündigungsbedingungen.

Auch wenn man heutzutage mit Shopify, Woocommerce und
anderen gängigen E-Commerce-Plattformen einen leichten Zugang zum Handel mit Waren und Produkten über das Internet
hat, ist das rechtliche Umfeld komplex und will beachtet sein.

Das Wichtigste auf einen Blick

➤ Holen Sie sich fachlichen Rat ein, bevor Sie auf eigene
Faust Verträge eingehen oder Handel im Internet betreiben. Einmal zu viel gefragt ist besser als einmal
zu wenig.

➤ Seien Sie sich über alle(!) rechtlichen Aspekte ihres
Handelns bewusst und behalten Sie sie im Blick. Ein
Impressum, AGB oder eine Datenschutzbestimmung
kann schnell veralten. Versuchen Sie immer den
gültigen rechtlichen Bestimmungen gerecht
zu werden.

➤ Wer gewinnorientiert Online-Handel betreibt, ist ein
Gewerbetreibender und hat sich an entsprechende
Gesetze zu halten. Spätestens jetzt wird jeder Kunst-
schaffende auch zum Unternehmer.

9 Kosten für das Online-Engagement

Es gibt Fragen, die man sich immer wieder stellen wird und die Werbetreibende sich schon seit Jahren stellen.

> ➤ *Was kostet eine Personal Homepage?*

> ➤ *Was muss man für Social-Media-Management zahlen, wenn man es nicht selbst organisieren möchte?*

> ➤ *Ist Social-Media-Werbung teuer und was kann sie bewirken?*

Von Henry Ford ist der Satz überliefert:
»Ich weiß, die Hälfte meiner Werbung ist hinausgeworfenes Geld. Ich weiß nur nicht, welche Hälfte.«

Über Kosten zu sprechen ist per se keine einfache Sache. Denn jede Künstlerin und jeder Künstler hat eine spezifische Ausgangslage, eigene Bedürfnisse und individuelle Erwartungen an ›ihr‹ bzw. ›sein‹ Online-Marketing. Zudem ändern sich stetig die Bedürfnislage wie auch das Verständnis für Werbung – von steigenden Kosten und Gebühren im Dienstleistungsbereich ganz zu schweigen – sodass Änderungen fast zwangsläufig im Raum stehen.

Doch fangen wir mit einer guten Nachricht an. Heutzutage kann jeder einfach und effektiv Self-Marketing online betreiben. Die Eintrittsbarrieren hierfür sind extrem niedrig. Denn man braucht nur zwei Dinge, die keine größeren laufenden Kosten nach sich ziehen:

Erstens: ein Smartphone Dieser Mini-Rechner erstellt hochauflösende Fotos und Videos. Spezielle Filter geben den Inhalten in kurzer Zeit einen entsprechenden ›letzten Pfiff‹. Mit einer App tritt der User mit seinen Zielgruppen über spezielle Plattformen und Tools in Interaktion.

Zweitens: eine Verbindung zum Internet Schon kann es losgehen. Alle großen Social Networks und auch die wichtigen Content-Plattformen wie YouTube oder SoundCloud sind in ihren Grundfunktionen für den anfänglichen Durchschnittsnutzer kostenfrei. Für Heavy-User mit besonders hohen Ansprüchen bieten alle Plattformen Premium-Funktionen an, mit denen man die eigene Zielgruppe und Followerschaft gezielter und mit weiteren Angeboten bespielen und bedienen kann.

Kosten entstehen erst für (spätere) Optimierungen, wie eine eigene Domain – nach dem Muster www.vorname-nachname.com‹ o. Ä. – für die Personal Homepage, ein Webseiten-Hosting oder für externe Beratung und Hands-on-Unterstützung bei allen Dingen rund um das Thema Online-Marketing.

9.1   Hosting und Domain einer Website

Für eine Personal Homepage fallen Kosten für das Hosting (das Bereitstellen von Speicherplatz für die Webseite) an. Gehostet wird die Webseite meistens auf dem eigenen Server oder in der

Cloud eines Hosting-Anbieters. Hier werden alle Informationen und Daten gespeichert und sind von Usern über einen Web-Browser von überall auf der Welt und rund um die Uhr abrufbar. Das Hosting einer eigenen Website sollte nicht mehr als 20,– Euro pro Monat kosten.

Neben dem Hosting legt man sich eine feste Web-Adresse zu, eine sogenannte Domain. Die Kosten hierfür richten sich unter anderem nach der länderspezifischen Country Code Top-Level-Domain (ccTLD). Eine .de-Domain für Deutschland kostet zwischen 10,– Euro und 15,– Euro jährlich; eine .com-Domain in etwa das Doppelte.

Wer spezielle Domain-Endungen wünscht, wie .shop oder .berlin, kann auch schnell 50,– Euro bis 90,– Euro oder mehr pro Domain im Jahr zahlen. Professionelle und große Domain-Anbieter sind unter anderem United Domains (united-domains.de), Strato (strato.de) oder GoDaddy (godaddy.de).

9.2 Social-Media-Marketing

Werbekosten im Bereich Social Media fallen für Kunstschaffende an, die bereits erste berufliche Erfolge aufweisen können, ein breites Publikum ansprechen oder eine große Fanbase haben. Hier gilt es zunächst zu unterscheiden, ob man Werbebudgets für Online-Verkäufe (Alben, Tickets, Editionen etc.) ausgibt oder ob man die eigene Marke (Personal Brand) in Form einer Image-Kampagne bekannter machen möchte. Je nach Anspruch und Werbeziel können schnell große Summen für Online-Werbung und -PR ausgegeben werden. Deshalb sollte man sich im Vorfeld entsprechender Kampagnen darüber im Klaren sein, was genau man mit seinem Werbe-Investment erreichen will.

Hierzu ein Beispiel: Künstlerin A investiert über fünf Wochen lang jede Woche 150,– Euro in Instagram-Werbung. Ziel dieser Kampagne ist es, ihr Profil und ihre Webseite zu promoten, um 900 neue Follower zu gewinnen und den Verkauf eines Kunstdrucks zum Preis von 600,– Euro zu erreichen. Für 750,– Euro (5 x 150,– Euro) Werbekosten würde sie also, falls die Kampagne erfolgreich ist, 600,– Euro Umsatz und 900 neue Fans generieren. Nicht schlecht. Falls sie sogar zwei Kunstdrucke verkaufen sollte, hat sich ihr Einsatz erst recht gelohnt.

Das Thema ›bezahlte Online-Werbung‹ ist in der Regel nur für die Künstlerinnen und Künstler interessant, die bereits von der Kritik gefeiert und konstant gebucht oder gekauft werden. Im Segment der Spitzenkunst werden Werbekampagnen meistens direkt von den Verlagen, Agenturen oder Galerien organisiert und mit einer detaillierten Erfolgsmessung abgeschlossen (siehe Kap. 7.5).

9.3 Suchmaschinenmarketing

Suchmaschinenmarketing (Search Engine Marketing, SEM) umfasst alle Maßnahmen zur Gewinnung von Besuchern der eigenen Webpräsenz über die Google-Suche. Hier geht es um die Sichtbarkeit der Website in den Suchergebnissen von Suchmaschinen, letztendlich also um Traffic auf der Personal Homepage. Suchmaschinenmarketing wird unterteilt in Suchmaschinenwerbung (siehe Kap. 7.3) und Suchmaschinenoptimierung (siehe Kap. 7.2).

Suchmaschinenwerbung (SEA) Bei Suchmaschinenwerbung (Search Engine Advertising) bezahlt man für die Einblendung von Werbeanzeigen, sogenannten Sponsorenlinks (engl. sponsored links), innerhalb von Suchergebnissen, die nach dem Prinzip des Keyword-Advertising (KWA, Suchwortwerbung) auf der Suchergebnisseite eingeblendet werden. Der in diesem Zusammenhang ebenfalls benutzte Begriff Paid Listing (bezahlter Eintrag) beschreibt die Möglichkeit, in den Suchergebnissen von Google an prominenter Stelle platziert zu werden.

Über die Methode des Keyword-Advertising werden Werbemittel / Anzeigen zu frei wählbaren, individuellen Schlag- oder Schlüsselwörtern (engl. keywords) in den Suchergebnissen angezeigt. Somit ist es möglich, Werbeanzeigen genau und zielgruppenspezifisch zu steuern. Schaltet man beispielsweise Google Ads, also Werbeanzeigen in den Suchergebnissen von Google, zahlt man pro Klick (Cost per Click, CPC) oder pro Impression (Cost-per-1.000-Impressions, CPM) eine Gebühr an Google (siehe Kap. 7.3).

Der Google Keyword-Planer gibt eine Prognose, wie stark ein Keyword umkämpft ist. Je umkämpfter ein Keyword, desto höher liegen die Kosten pro Klick oder per Impression für dieses Keyword. Leider gibt es an dieser Stelle kein konkretes Beispiel mit EUR-Werten, zum Beispiel für die Keywords ›Kunstdruck‹ oder ›eBook‹. Das ist nicht möglich, da die Kosten vom Stellenwert des Werbungtreibenden innerhalb seines Genres, der Qualität der Produkte, der Kunstrichtung und der Größe und Erreichbarkeit der Zielgruppe abhängen. Generell aber gilt: Man sollte nie mehr Geld für Suchmaschinenwerbung ausgeben als man durch Einnahmen / Verkäufe generieren kann.

Suchmaschinenoptimierung (SEO) Suchmaschinenoptimierung (Search Engine Optimization) zielt auf eine verbesserte Listung der eigenen Web-Inhalte in den Google-Suchergebnissen. Der Hintergrund: Googlebots, das Webcrawler-Programm von Google, lädt Internet-Inhalte, also auch die der

Personal Homepage, eigenständig herunter und führt diese der Suchmaschine zu. Mit dem Tool Google Search Console kann man nun einsehen, wie gut Google die Webseite indexiert, das heißt in den eigenen Speicher aufnehmen kann, um dann diese Inhalte über die Google Suchmaschine auffindbar zu machen (siehe Kap. 7.2).

Im Rahmen des Organic Listing werden Websites vorgeschlagen, die aus Sicht der Suchmaschine der Nutzererwartung entsprechen und bestmögliche Ergebnisse liefern. Bei Klicks auf organische Suchergebnisse (engl. organic listing), das heißt bei einem Klick auf unbezahlte Platzierungen auf einer Website, entstehen keine Kosten.

TIPP

Frisch gelaunchte Homepages brauchen mehrere Monate, um in Google-Suchergebnissen auf den ersten Ergebnisseiten 1–3 gefunden zu werden. Hier muss man etwas Geduld mitbringen.

In der Kunstszene beschränkt sich SEO vor allen Dingen auf die Personal Homepage. Um gut indexiert zu sein, muss man dafür Rechnung tragen, dass die Inhalte der eigenen Online-Präsenz ›stark‹ sind, das heißt reichhaltig, interessant und einzigartig. Google präferiert längere Textbeiträge und räumt dem Video als Content-Format einen bevorzugten Stellenwert ein. Künstlerinnen und Künstler, die alle wichtigen SEO-Anforderungen in ihrer Webpräsenz umsetzen, werden auch entsprechend gut gefunden. Ziel aller SEO-Maßnahmen muss es sein, dass bei einer Google-Suche zum eigenen Namen der Link zur Personal Homepage unter den TOP 3 der Suchergebnisse landet.

SEO ist Aufgabe des Webdesigners oder der Agentur, die die Webseite baut bzw. gebaut hat und/oder betreibt. Hier ist der Webmaster der richtige Ansprechpartner und dafür verantwortlich, dass die Webseite den aktuellen SEO-Standards entspricht. SEO-Optimierungen sind für eine Personal Homepage kein Hexenwerk und eine kleine Webagentur sollte sie für ein paar 100,– Euro anbieten können.

9.4   Personal Homepage

Eine Personal Homepage ist für aufstrebende Künstlerinnen und Künstler geeignet, die bereits mehrere Jahre aktiv arbeiten. Solche Webseiten haben meistens ein Standard-Set an Unterseiten, wobei die Gesamtzahl aller Unterseiten selten zehn bis fünfzehn Seiten übersteigt. Bei sehr umfangreichen (Werk-)Produktionen macht es Sinn, frühzeitig noch mehr Unterseiten/Kategorien zu nutzen. Es versteht sich von selbst, dass alle Inhalte (Texte, Fotos, Videos, News, Terminkalender, Übersicht über Publikationen u. a. m.) in der benötigten Qualität vorliegen.

Wenn man eine ›starke‹ Personal Homepage auf einer No-Code-Plattform wie Squarespace oder Wix erstellen lässt (siehe Kap. 6) und der Content bereits vollständig in guter Qualität digitalisiert vorliegt, liegt der Preis für eine Webseite zwischen 1.000,– Euro und 3.000,– Euro (netto). Dieser Betrag erhöht sich jedoch schnell, wenn viele individuelle Anpassungen nötig sind oder die Anzahl der Unterseiten das normale Maß übersteigt. Hinzu kommen die laufenden Kosten für Hosting und Domain (siehe Kap. 9.1).

Falls auch noch ein Shop in die Personal Website integriert werden soll, kommt zusätzlich ein vierstelliger Betrag ins Spiel. Demgegenüber fallen die Einmal-Kosten für die erforderliche Gewerbeanmeldung mit rund 25,– Euro je nach Gewerbeamt kaum ins Gewicht.

9.5 Organisation und Management

Online-Marketing verursacht in erster Linie Mitarbeiterkosten für das Social-Media-Management sowie Gebühren für ein Social-Media-Redaktionstool (ca. 100,– Euro pro Jahr als Starter). Social Media kann und sollte man zu Beginn selbst in die Hand nehmen, auch wenn es einem schwer fällt. Oft hat man – besonders am Anfang der Karriere – ohnehin keine andere Wahl als sich selbst zu helfen. Erst mit steigender Bekanntheit benötigt man externe Dienstleister, zum Teil arrivierte Profis.

Es ist sehr schwer, das Thema Social Media alleine und ohne Einbeziehung des User-Feedbacks erfolgreich zu managen. Jeder sollte diese Problematik bedenken. In der Regel reicht bereits ein Beitrag pro Woche aus, um die Fans ›bei Laune‹ zu halten. Ein Social-Media-Manager kann dies in zwei bis drei Stunden pro Monat problemlos erledigen, vorausgesetzt der Input für einen Content liegt vor. Freelancer in diesem Bereich sollten nicht mehr als 50,– Euro bis 100,– Euro die Stunde kosten. Das gilt als grober Richtwert.

9.6 Content-Produktion

Heute bekommt man Content quasi zum Nulltarif! Fotos, Videos und Audios in hoher Qualität von jedem Handy aus. Good news für Berufsstarter, die in ihren Planungen selten ein Budget für Content-Produktion eingerechnet haben. Am besten startet man seine Online-Präsenz mit Kollegen aus der Studentenzeit oder Anfängern aus der Kreativ- und Filmbranche, die gerne sogar ohne Vergütung arbeiten – nur um dabei zu sein und um Erfahrungen zu sammeln. Man kann dies quasi als Networking zwischen Anfängern verwandter Berufe bezeichnen, die sich gegenseitig unterstützen und dabei spannende Inhalte produzieren. Mit dem Anwachsen des eigenen Leistungsspektrums und einem entsprechenden Portfolio wird man weiteren Spezialisten begegnen, von denen man lernen kann.

Mit steigender Professionalität wächst zwangsläufig auch das Niveau des beruflichen Umfelds. Spätestens wenn Künstlerinnen oder Künstler von der Fachpresse hofiert werden, treten teure Spezialisten auf den Plan. Denn sehr gute Spezialisten sind auch sehr teuer. Doch sie ›rechnen‹ sich, da sie hochprofessionelle Arbeit leisten und ein Höchstmaß an Output liefern. Die Community in Form einer stetig wachsenden Fangemeinde wird dies honorieren. Es handelt sich um Spezialisten für:

- Fotografie,
- Videoproduktion,
- Kameratechnik,
- Editionen,
- Grafikdesign,
- Webdesign,
- Server-Administration.

Arrivierte Stars sind oft auf allen Online-Kanälen vertreten und haben hochaktive Fans in ihren jeweiligen Zielgruppen. Das ist aufwändig und wird in der Regel von einem Spezialisten-Team gemanagt. In diesem Fall fungiert der Künstler lediglich als kreativer Impulsgeber, während das Team die Inhalte produziert, redaktionell bearbeitet und dann verbreitet.

Als Obergrenze gilt: Die Kosten für den Online-Content zu einem Werk sollten den Wert eines Werkes nie überschreiten. Wer 5 Prozent bis 10 Prozent – das sind nur grobe Prozentangaben – für Content ausgibt und damit sein Werk vermarktet, hat sein Geld gut investiert. Ob das allerdings ein adäquater

Wert für jede Künstlerin oder jeden Künstler ist, müssen die einzelnen Kunstschaffenden für sich selbst entscheiden. Zumal diese Entscheidung auch davon abhängt, in welchem Ausmaß externe Dienstleister wie Manager, Agenten oder Künstler-Agenturen benötigt und bezahlt werden, um den Content-Mix zu planen, umzusetzen und zu kontrollieren.

9.7 Rechtsberatung

Bevor man sich rechtlichen und damit oftmals teuren Rat für bestimmte Problemlagen einholt, sollte man Kolleginnen und Kollegen im vertrauten Umfeld nach deren Meinungen oder Erfahrungen fragen. Häufig dürften auch sie vor vergleichbaren Herausforderungen stehen oder bereits gestanden haben. Das hilft oftmals schon bei der Einschätzung der eigenen Lage.

In Anbetracht komplexer Probleme sollte man jedoch externen Rat in Anspruch nehmen und ein Rechtsanwaltsbüro bemühen, das sich auf Online-Streitfragen spezialisiert hat. Das gilt vor allem für Verträge, bei denen viel auf dem Spiel steht; hier sind Fachanwälte durch nichts zu ersetzen.

Um sich gut in diverse Thematiken einzuarbeiten gibt es übrigens neben Auskünften im Internet auch Buchangebote. Bei seriösen Verlagen kann man davon ausgehen, dass Autoren, Lektorat und Redaktion sebst diffizile Sachlagen gut und verständnisvoll erklären – lohnenswert als Vorbereitung für Gespräche mit Experten, die man bezahlen muss.

Das Wichtigste auf einen Blick

➤ Starten Sie im Do-it-yourself-Modus und eröffnen Sie einen Instagram-, Facebook- und Twitter-Account. Mit selbstgemachten Smartphone-Clips sind Sie in diesen drei Kanälen bereits solide aufgestellt. Die Kosten für die Clip-Erstellung und für das Aufsetzen dieser drei Kanäle liegen bei null Euro.

➤ Wenn Ihnen das Thema Online-Marketing nicht liegt, sie es aber als ambitionierter Kunstschaffender unbedingt benötigen, dann holen Sie sich einen externen Social-Media-Manager mit ins Boot, der sich neben der Veröffentlichung Ihrer Beiträge auch um deren Erstellung kümmert.

➤ Kaufen Sie sich keine Follower oder Fans über dubiose Quellen. Diese Kosten können Sie sich sparen.
Fake Follower erkennt man an der Interaktion, die sie auslösen: nämlich – keine!

10 Hinweise für bestimmte Berufsgruppen

Das Internet und seine Services haben sich seit Jahrzehnten immer auch an den Künsten orientiert und versucht, für bestimmte Inhalte spezielle Plattformen zu entwickeln. Heute gibt es neben zahlreichen individuellen Lösungen für bestimmte Kunstbereiche Allrounder wie Instagram, Facebook und You Tube, die sinnvoll für das eigene Online-Marketing eingesetzt werden können. Aber Kunstschaffende, die auch in diesem Segment erfolgreich agieren wollen, müssen gewisse Zusammenhänge verstehen, um selbstbewusst und mit einem Mehrwert für ihre Zielgruppen online kommunizieren zu können. Hierzu gehören auch klare Antworten auf die drei entscheidenden Fragen (siehe Übersicht auf der nächsten Seite).

In Zeiten, in denen die Welt immer digitaler und damit (welt) offener wird, die Mobilität der Menschen sich jedoch nicht gleichermaßen entwickelt, sind freie und kostenlose Online-Informationsangebote wichtiger denn je. Daher sollte jede Person, die den Kunstbetrieb aktiv bereichern will, Schritt für Schritt die notwendigen Kanäle und Plattformen ›erobern‹, um auf diese Weise ihr künstlerisches Werk mit einem interessierten Publikum zu teilen.

In diesem Buch wurde bislang allgemein von ›einer Künstlerin‹ oder ›einem Künstler‹ gesprochen, ohne auf einzelne Gen-

Checkliste Social-Media-Strategie

1. Über welche Online-Kanäle und Plattformen kann ich
    meine Zielgruppen am besten erreichen?
    Reichen Social Networks oder sollte es auch eine Personal
    Homepage sein – meine persönliche Online-Zentrale, in der
    alle Aktivitäten und Profile zusammenlaufen?

2. Mit welchen Content-Formaten möchte ich auf welchen
    Kanälen und Plattformen präsent sein?
    Nicht jeder Inhalt passt zu jedem Kanal.

3. Wie organisiere ich mein Online-Marketing bzw. von wem
    lasse ich es organisieren?
    Marketing ist keine einmalige Tätigkeit, sondern ein per-
    manenter Prozess, der in der Regel die gesamte künst-
    lerische Laufbahn begleitet.

res einzugehen. Doch für jede Kunstrichtung gibt es spezifische Content-Formen und zum Teil auch eigene Plattformen.

10.1 Bildende Künstlerinnen und Künstler

Der Begriff bildende Kunst umfasst die visuell gestaltenden,
zeitüberdauernden Künste: Baukunst, Bildhauerei, Malerei,
Zeichnung, Grafik und Fotografie sowie das Kunsthandwerk.
Die folgenden Hinweise richten sich an die Gruppe der Maler,
Fotografen und Bildhauer.

Malerinnen und Maler

Für Maler, die bereits mit einer Galerie zusammenarbeiten, sind
Kunst-Plattformen wie Artnet, Artsy wichtige Schaufenster,

um ihre Kunst einem interessierten internationalen Sammler-Publikum online zu präsentieren. Der Zugang zu diesen Plattformen erfolgt allerdings nur über Galerien. Allein bei Saatchi Art (saatchiart.com) kann man sich aktuell als Künstler direkt anmelden, seine Bilder einstellen, präsentieren und verkaufen.

- **Content-Marketing**
  Content wird in drei wichtigen Bereichen generiert: das eigene Studio, Events, an denen man mit neuen Werken teilnimmt und Ankündigungen von Ausstellungen, Messen etc. Alle diese Ereignisse bieten genügend Anlass, um kurze Videos oder Fotos zu erstellen. So lässt man neue Zielgruppen am kunstschaffenden Leben teilhaben. Presseberichte und Podcast-Interviews runden die Berichterstattung ab. Regel: Kein Content ohne Bild!

- **Personal Homepage**
  Wichtiger Bestandteil: gut ausgeleuchtete, hochauflösende digitale Abbildungen bzw. Fotografien der eigenen Werke, ggf. originell arrangiert. Das eigene Schaffenswerk bzw. das Online-Werkverzeichnis chronologisch dargestellt und/oder in unterschiedliche Werkgruppen aufgeteilt; falls es sich anbietet auch als Best-of-Präsentation. Eher schlichter, aber stilvoller Aufbau, gepaart mit minimalistischem Schriftbild. Auf einer eigenen Unterseite: biografische Daten in Form einer Biografie oder eines tabellarischen Lebenslaufs.

- **Wichtige Social Networks und Content-Plattformen**
  Instagram, Facebook, YouTube

Abbildung rechts:
Startseite der Personal Homepage von Robert Kraiss.
robertkraiss.de, © Robert Kraiss, Köln

Robert Kraiss

Werk

Aktuelle Werke
Ausstellungsansichten
Kleinformat Serien
Kleinformat farbig
Kleinformat s/w
Mittelformat farbig
Großformat farbig
Großformat s/w
Supergroßformat
Rorschach
Ergobun
Skulpturen

Musik

Info
Termine
Katalog-Edition
Publikationen
Rezeption
Studio
Kontakt
Impressum

ROBERT KRAISS Katalog (PDF, 29 MB) mit
Auswahl Gesamtwerk, 64 Seiten, Stand: Dez. 2021

Konzert **Die Bäume** 18.09. 19h Kunstverein
Schwerin

Tobias Marchmann, Berlin, 2020

O.T. **(cold-heat Red-Phase)**, 2019
Bleistift Buntstift auf Papier, 26x35,5cm

O.T. **(Serie Fantasy III)**, 2018
Bleistift Buntstift auf Papier

O.T. **(Come On Baby Light My Fire)**, 2017
Buntstift auf Papier, 209x160cm

O.T., 2014
Peddigrohr, Ratan, 45x140cm

O.T. **(Robert Kraiss)**, 2021
Buntstift auf Papier 150x180cm

Studio

Katalog-Edition, 2021

O.T. **(Alice im Alltag und Alice in Wonderland)**, 2019
Bleistift, Buntstift auf Papier, 240x200cm

O.T. **(Serie Fantasy III)**, 2018
Bleistift Buntstift auf Papier, 26x35.5cm

O.T. **(Frida Kahlo)**, 2016
Buntstift auf Papier, 145x115cm

O.T. **(Robert Kraiss)**, 2021
Buntstift auf Papier, 180x180cm

Vacation Trimmed, Stefanie Popp, Die Bäume
(KBH)

O.T. **("catfight" Eric Stanton Paraphrase)**, 2019
Bleistift, Buntstift auf Papier, 240x200cm

O.T. **(cold-heat Red-Phase)**, 2019
Bleistift Buntstift auf Papier 150x200cm

O.T. **(Selbstportrait als Conan der Barbar - Red-Phase)**, 2019
Bleistift Buntstift auf Papier, 26x35.5cm

O.T. **(Frau im Pelz)**, 2012
Bleistift auf Papier, 26x30.5cm

Konzert **Die Bäume** 18.09. 19h Kunstverein
Schwerin

Auf **Soundcloud** oder **YouTube** anhören. Sofort!

O.T. **(Naked Sinner)**, 2019
Bleistift, Buntstift auf Papier, 240x280cm

O.T. **(Serie Das Duell I Leonor Fini & Clovis Trouille)**, 2018
Bleistift auf Papier, 26x35.5cm

O.T. **(Fantasy III)**, 2019
Bleistift Buntstift auf Papier, 150x200cm

O.T., 2013
Bleistift auf Papier, 35.5x26cm

Fotografinnen und Fotografen

Nach dem Medium Text erobert die Fotografie als zweites bedeutendes Content-Format das World Wide Web. Damit verstehen sich das Foto und der dahinter stehende Fotograf bereits seit langem als Partner des Internets. Für viele Fotografen ist es heute selbstverständlich, mit dem Medium Internet als Kommunikationstool für das eigene Schaffen umzugehen.

Ähnlich wie bei der Malerei sind Kunst-Plattformen wie Artnet, Artsy und Saatchi Art wichtige Online-Schaufenster zur Welt. Darüber hinaus gibt es zahlreiche Online-Portfolio-Tools, die als Content-Management-Systeme speziell für das Medium Fotografie konzipiert wurden wie Format, Wix und Portfoliobox.

TIPP

Erkundigen Sie sich, welche beliebten CMS- und Portfolio-Tools von Ihrer Foto-Szene genutzt werden. Vielleicht erhalten Sie dadurch weitere wertvolle Anregungen.

- Content-Marketing
  Fotografen arbeiten im Studio oder in interessanten Locations und haben oft spannende Objekte vor der Linse. Aus interessanten Perspektiven und Motiven kann man schnell ein Foto oder einen Videoclip erstellen. Der große Vorteil: Fotografen sind Profis, die bereits die Kunst der Fotografie beherrschen. Die Fotos müssen nur noch mit entsprechenden Hintergrundinformationen und Metadaten versehen werden, evtl. gepaart mit einem ansprechenden Storytelling. 360-Grad-Kameras (VR-Kameras) geben dem Fotografen die Möglichkeit, Erlebtes in einem 360-Grad-Panoramabild-Film zu zeigen.

- **Personal Homepage**
  Sie wird als ideales Online-Kommunikationstool in viel-
  fältiger Form genutzt, auch als Online-Portfolio. Die
  ›Online-Bildergalerie‹ mit Fotos des Fotografen, der zentrale Baustein vieler Webseiten, demonstriert die Über-
  legenheit internetbasierter Technologien. Kaum ein
  anderes visuelles Online-Phänomen hat so sehr vom Internet und seinen Möglichkeiten profitiert wie die Online-
  Bildergalerie. Alle großen Webseiten arbeiten mit
  sogenannten Content-Management-Systemen (CMS).
  Wichtiger Bestandteil: Templates für Fotografie-Port-
  folios, d. h. vorgefertigte Webseiten-Designs, die bereits
  Layout, Farb- und Schriftbild enthalten und nur noch
  mit Content ausgefüllt werden müssen.
- **Wichtige Social Networks und Content-Plattformen**
  Instagram, Facebook, YouTube, flickr, fotocommunity

Bildhauerinnen und Bildhauer

Mit einem 360-Grad VR (Virtual Reality)-Bild ist es möglich,
eine 360-Grad-Ansicht des Ortes oder Objekts einzufangen.
Neben dem normalen Bild (2D) stellt das für Bildhauer eine
besondere Möglichkeit dar, den Online-Content zu erweitern.
Aber auch für andere Künstler, die plastisch arbeiten, können
diese neuen Content-Formen interessant sein.

- **Content-Marketing**
  Durch den räumlichen Charakter bildhauerischer Arbei-
  ten eignet sich – neben dem Foto – auch das Video als
  Content-Format. Mit der Kamera (Smartphone) in der
  Hand kann man die Installation, Plastik oder Skulptur

von allen Seiten erkunden und die räumlichen Dimensionen zur Geltung bringen. Weil Räumlichkeit und Video perfekt zueinander passen, ist YouTube das geeignete soziale Netzwerk bzw. die geeignete Content-Plattform.

- Personal Homepage
Ähnlich wie bei Malern und Fotografen nutzen auch die Bildhauer ihre Homepage, um ihre Werk mit einem Bild-, Video- oder Foto-Archiv publik zu machen. Videos und Fotos lassen sich auf allen Seiten und Unterseiten einer Website problemlos einbinden. Facebook und YouTube bieten darüber hinaus Platz für spezielle 3D-Content-Formen an, wie das 3D-Video oder das 3D-Foto. Diese Inhalte lassen sich wiederum in die eigene Homepage einbinden und darstellen. Das ist aktuell die einfachste Lösung, um Raum und Form im Internet darzustellen.

- Wichtige Social Networks und Content-Plattformen
Instagram, Facebook, YouTube

10.2 Musikerinnen und Musiker

Musik und Internet sind seit jeher eine ausgesprochen erfolgreiche und relevante Paarung. Man erinnere sich nur an Plattformen wie Napster, MySpace, last.fm u. a. m. Jeder, der in der Musikbrache aktiv ist – hierzu zählen auch Komponisten, Sänger und Instrumentalisten, jede Band und jedes professionell geführte Orchester – nutzt heutzutage Musik-Streaming-Services für den digitalen Musikvertrieb. Als wichtige Plattformen gelten Spotify, iTunes, SoundCloud, amazon music und YouTube music.

- Content-Marketing

  Musik spricht als Content-Format quasi für sich selbst und lässt sich optimal über das Internet verteilen bzw. streamen. Für Musiker ist es empfehlenswert, ihre Musik online zur Verfügung zu stellen und mit der eigenen Musik überall dort präsent zu sein, wo sich potenzielle Hörer befinden. Musik in Form von Musikvideos, einem Behind-the-scene-Video oder einem Konzertmitschnitt als Video toppt das reine Hörerlebnis. Diese Kombination funktioniert heute genauso gut wie eh und je. Ein großer Vorteil ist die extrem lange Haltbarkeit. Viele Musikvideos sind auch noch Jahre nach dem Entstehen für viele Hörer und Zuschauer hochattraktiv und können dementsprechend noch sehr lange eine erfolgreiche und vorteilhafte Wirkung erzielen. Dies gilt auch für reine Musik-Audio-Dateien.

- Personal Homepage

  Musiker sind es gewohnt, mit anderen kreativen Content-Formen außerhalb der eigenen umzugehen. Sie wissen um ausdrucksstarke Fotos, Grafiken und Filme. Neben der Tonaufnahme ist die Videoaufnahme bis heute noch elementar. Man denke hier nur an legendäre Videoaufnahmen von Live-Auftritten.

  Zudem dient die Personal Homepage als digitale Zentrale aller Aktivitäten; wie auch bei den anderen Künsten wird der interessierte Fan oder sonstige Besucher hier über alle aktuellen Informationen rund um das Schaffen und die nächste anstehende Konzertreihe oder Tournee zeitnah informiert.

- Wichtige Social Networks und Content-Plattformen

  Instagram, Twitter, Facebook, YouTube, Spotify, SoundCloud, Apple Music.

10.3 Schriftstellerinnen und Schriftsteller

Schriftsteller sind selten Allrounder. Die meisten haben sich auf die Gattungen Romane, Theaterstücke (Drama), Lyrik oder Essays spezialisiert. Fast noch wichtiger als Social Networks ist eine Listung bei den großen Online-Händlern wie Amazon, Thalia, Hugendubel u. a. m.

Für viele Autoren ist das Thema Self-Publishing relevant und kann über Plattformen wie BoD Books-on-Demand (bod.de) ohne größere Hürden selbst in die Hand genommen werden; über BoD ist auch eine Präsenz in allen großen Online-Buch-Shops garantiert – sowohl mit Taschenbuchausgaben als auch mit E-Books. Allerdings ist man dann quasi Selbstverleger und nicht mit nennenswertem Online-Marketing oder sonstiger Reichweite ausgestattet. Die Gefahr, nicht gefunden oder entdeckt zu werden, ist sehr groß. Die Publikation über Verlage kostet den Autor zwar einen Teil seiner Gewinnmarge, dafür bekommt er jedoch, sofern es sich nicht um einen Zuschuss- oder Dienstleistungsverlag handelt, professionelles Lektorat, Aufmerksamkeit, Reputation, Marketing und Reichweite.

- **Content-Marketing**
  Als Gast bei einem Podcast kann man über schriftstellerische Themen sprechen. Viele Schriftsteller sind über Auftritts-Mitschnitte auf YouTube vertreten. Wichtig ist auch das Interview-Video, denn neben der schriftlichen Präsentation von Inhalten ist das gesprochene Wort in Form einer Lesung oder eines Vortrags eine wichtige Ausdrucksform.
- **Personal Homepage**
  Ein Blog bietet sich als die ideale Möglichkeit an, um mit interessierten Lesern oder Bloggern ins Gespräch zu

kommen. Das schriftstellerische Werk kann mit Hilfe von Leseproben verbreitet werden und den Leser zum Kauf eines Buches oder Magazins in einer Buchhandlung oder bei einem Online-Händler anregen. Das obligatorische Werkverzeichnis sollte ebenso wenig fehlen wie eine Auflistung aller relevanten Rezensionen in Online- und Offline-Medien.

- **Wichtige Social Networks und Content-Plattformen**
  Instagram, Twitter, Facebook, YouTube

10.4 Darstellende Künstlerinnen und Künstler

Darstellende Kunst bezeichnet Kunstformen, die auf Live-Darbietungen (in der Regel in Anwesenheit eines Publikums) bzw. Live-Darstellungen beruhen und sich damit durch eine zeitlich begrenzte Komponente (z. B. Dauer eines Auftritts) auszeichnen. Hierzu zählen Film- und Theaterschauspieler sowie die Berufsgruppe der Tänzer. Die Darbietungen lässt sich quasi ohne Bruch mit den Mitteln des Internets darstellen.

▬ TIPP

Klären Sie ab, ob Sie Videos von Proben und Aufführungen ins Internet stellen dürfen. Rechtsverstöße gegen das Urheberrecht sind kein Kavaliersdelikt.

- **Content-Marketing**
  Content-Marketing im Bereich Schauspielerei und vor allem Tanz leben von der Bewegung, die sich am besten in Videos zeigen lässt. Schauspieler und Tänzer haben

den großen Vorteil, dass nahezu zwangsläufig Videos aufgenommen werden, die die eigene Leistung dokumentieren. Somit hat man die Möglichkeit, immer neue Clips zu zeigen. Neben Videos sind Fotos vom Film-Set oder Portraitfotos wichtige Formate.

- **Personal Homepage**
  Die Homepage dient, wie bei anderen Künstlern auch, als zentrale digitale Dokumentationsstelle für alle vergangenen und aktuellen Tätigkeiten. Hier kann man, sofern die Veröffentlichungsrechte vorliegen, Ausschnitte aus Filmen oder Tanz-Acts einstellen, wobei Übersicht und Sortierung eine große Rolle spielen. In einem Blog werden aktuelle Tendenzen und Ereignisse der Kunstszene thematisiert und diskutiert.
- **Wichtige Social Networks und Content-Plattformen**
  Instagram, Twitter, Facebook, YouTube, Vimeo

Anhang

Ausführliche Untersuchungen 1 – 4

1 Ausführliche Ergebnisse der Untersuchung zu ›TOP 100 Bildende Künstler*innen, International‹

Ergebnisse aus der Untersuchung von 116 lebenden internationalen Spitzenkünstlern.

- Von 22 Künstler*innen haben 8 (36%) eine eigene Webseite
- Von 94 Künstler*innen haben 45 (47%) eine eigene Webseite
- Das Durchschnittsalter der 116 lebenden (Spitzen)Künstler liegt bei 65

Herkunft der Künstler*innen (hier nur die ersten 6 Länder)

- 33 (28%) aus den USA
- 10 (6%) aus UK
- 7 (6%) aus der Schweiz
- 27 (23%) aus Deutschland
- 7 (6%) aus Frankreich
- 6 (5%) aus Österreich

Sprachversionen der Personal Homepage

Von den 53 untersuchten Webseiten boten 29 (55%) Inhalte ausschließlich auf Englisch an. So gut wie alle Webseiten (50) boten eine englische Sprachversion neben anderen Sprachen an. Nur 3 Webseiten boten keine englische Sprachversion an.

Künstler*innen mit eigenen Webseiten nach Herkunft (von 116 insgesamt)

- 14 aus den USA
- 6 aus UK
- 3 aus Frankreich
- 9 aus Deutschland
- 4 aus Österreich
- 2 aus der Schweiz

Künstler*innen, die ein Online-Werkverzeichnis anbieten

Von den 53 Webseiten bieten 25 (47%) ein Online-Werkverzeichnis an. Das sind 22% von 116 untersuchten Künstlern insgesamt. Von den 25 Online-Werkverzeichnissen sind 7 aus den USA, 5 aus UK, 4 aus Deutschland, 2 aus Frankreich, 2 aus Österreich und 5 aus anderen Nationen.

Benotung einzelner Webseiten

- Mit 1 bewertet: 12 Webseiten (23%)
- Mit 2 bewertet: 22 Webseiten (42%)
- Mit 3 bewertet: 7 Webseiten (13%)

- Mit 4 bewertet: 10 Webseiten (19%)
- Mit 5 bewertet: 2 Webseiten (3 %)

Note 1: Bietet eine vollständige, inhaltlich aktuelle, meist mehrsprachige, responsive und ansprechende Personal Homepage mit Online-Werkverzeichnis an.

Note 2: Hier fehlt das Online-Werkverzeichnis oder die Webseite ist nicht responsiv.

Note 3: Seite hat kein Online-Werkverzeichnis und bietet insgesamt keine vollständigen und aktuellen Informationen zum Künstler.

Note 4: Das Design ist stark veraltet, die Webseite ohne responsives Layout und ohne Online-Werkverzeichnis.

Note 5: Webseite wird schon lange nicht mehr aktiv gemanagt und ist in allen Belangen stark veraltet.

Social Media Nutzung
- 21% der Künstler*innen betreiben ein Instagram-Profil
- 19% der Künstler*innen betreiben ein Facebook-Profil
- 17% der Künstler*innen betreiben ein Twitter-Profil

2 Ausführliche Ergebnisse der Untersuchung zu ›Top 60 Film- und TV-Schauspieler*innen, Deutschland‹

Social Media Kanäle werden wie folgt genutzt:
- 18 oder 30% der Schauspieler*innen nutzen Instagram
- 19 oder 32% der Schauspieler*innen nutzen Facebook
- 11 oder 18% der Schauspieler*innen nutzen Twitter
- 4 oder 7% der Schauspieler*innen nutzen YouTube

Benotung einzelner Webseiten
- Mit 1 bewertet: 3 Webseiten (14%)
- Mit 2 bewertet: 11 Webseiten (52%)
- Mit 3 bewertet: 6 Webseiten (29%)
- Mit 4 bewertet: 0 Webseiten
- Mit 5 bewertet: 1 Webseiten (5 %)

Note 1: Bietet eine vollständige, inhaltlich aktuelle, meist mehrsprachige, responsive und ansprechende Personal Homepage mit Online-Werkverzeichnis an.

Note 2: Hier fehlt das Online-Werkverzeichnis oder die Webseite ist nicht responsiv.

Note 3: Seite hat kein Online-Werkverzeichnis und bietet insgesamt keine vollständigen und aktuellen Informationen zum Künstler.

Note 4: Das Design ist stark veraltet, die Webseite ohne responsives Layout und ohne Online-Werkverzeichnis.

Note 5: Webseite wird schon lange nicht mehr aktiv gemanagt und ist in allen Belangen stark veraltet.

3 Untersuchte bildende Künstler*innen
(in alphabetischer Reihenfolge)

Ai Weiwei, Albert Oehlen, Alex Katz, Alfredo Jaar, Alicja Kwade, Andreas Gursky, Anish Kapoor, Anri Sala, Anselm Kiefer, Arnulf Rainer, Bill Viola, Bruce Nauman, Candida Höfer, Carl Andre, Carsten Höller, Christian Boltanski, Christian Jankowski, Christian Marclay, Cindy Sherman, Claes Oldenburg, Claire Fontaine (Collective), Damien Hirst, Dan Graham, Danh Vo, Daniel Buren, Daniel Spoerri, David Hockney, Douglas Gordon, Ed Ruscha, Erwin Wurm, Fischli & Weiss, Francis Alÿs, Frank Stella, Franz Erhard Walther, Gabriel Orozco, Georg Baselitz, Gerhard Richter, Gilbert & George, Giuseppe Penone, Glenn Ligon, Günter Brus, Günther Uecker, Hans-Peter Feldmann, Heimo Zobernig, Heinz Mack, Hermann Nitsch, Hiroshi Sugimoto, Hito Steyerl, Imi Knoebel, Isa Genzken, Jasper Johns, Jeanne-Claude Christo, Jeff Koons, Jeff Wall, Jenny Holzer, Jim Dine, Jimmie Durham, John Baldessari, John M. Armleder, Jonathan Meese, Jonathan Monk, Joseph Kosuth, Kader Attia, Kiki Smith, Lawrence Weiner, Liam Gillick, Louise Lawler, Marina Abramovic, Markus Lüpertz, Marlene Dumas, Martha Rosler, Matt Mullican, Matthew Barney, Maurizio Cattelan, Michelangelo Pistoletto, Mona Hatoum, Nan Goldin, Neo Rauch, Olafur Eliasson, Paul McCartney, Philippe Parreno, Pierre Huyghe, Pipilotti Rist, Raymond Pettibon, Richard Long, Richard Prince, Richard Serra, Rirkrit Tiravanija, Robert Gober, Rodney Graham, Rosemarie Trockel, Ryan Gander, Santiago Sierra, Sean Scully, Sherrie Levine, Sophie Calle, Superflex (Collective), Tacita Dean, Thomas Demand, Thomas Hirschhorn, Thomas Ruff, Thomas Schütte, Thomas Struth, Tobias Rehberger, Tony Cragg, Tony Oursler, Ugo Rondinone, Valie Export, Vik Muniz, Vito Acconci, Walid Raad, William Kentridge, Wolfgang Tillmans, Yayoi Kusama, Yoko Ono

4 Untersuchte Schauspieler*innen
(in alphabetischer Reihenfolge)

Henning Baum, Marie Bäume, Tom Beck, Ben Becker, Iris Berben, Senta Berger, Christian Berkel, Moritz Bleibtreu, Matthias Brandt, Daniel Brühl, August Diehl, Heino Ferch, Veronica Ferres, Florian David Fitz, Annette Frier, Benno Fürmann, Maria Furtwängler, Martina Gedeck, Corinna Harfouch, Michael Bully Herbig, Christoph Maria Herbst, Karoline Herfurth, Nina Hoss, Hannes Jaenicke, Sibel Kekilli, Anja Kling, Thomas Kretschmann, David Kross, Diane Kruger, Gudrun Landgrebe, Alexandra Maria Lara, Heiner Lauterbach, Jan Josef Liefers, Elyas M'Barek, Heike Makatsch, Eva Mattes, Wotan Wilke Möhring, Uwe Ochsenknecht, Christiane Paul, Franka Potente, Axel Prahl, Josefine Preuß, Katja Riemann, Armin Rohde, Palina Rojinski, Andrea Sawatzki, Tom Schilling, Jörg Schüttauf, Jessica Schwarz, Til Schweiger, Matthias Schweighöfer, Katharina Thalbach, Nora Tschirner, Ulrich Tukur, Nadja Uhl, Christian Ulmen, Jürgen Vogel, Justus von Dohnányi, Christoph Waltz

Weiterführende Literatur

Das Thema Online-Marketing wird in zahlreichen Sach- und Fach-
büchern ausgiebig und ständig aktualisiert dargestellt, wobei überwie-
gend Unternehmen und Organisationen im Fokus stehen. Deshalb hier
nur ausgewählte Titel, die sich mit Teilbereichen des Themas Online-
Marketing in der Kunstszene befassen:

Fischer, Meike: Showtime für Fotograf*innen: Wirkungsvolle Präsen-
    tation mit Portfolios, Internetauftritten und Social Media.
    258 Seiten, dpunkt Verlag, Heidelberg 2021
Huff, Cory: How to sell your art online – Live a successful creative life
    on your own terms. 185 Seiten, HarperCollins Publishers,
    New York 2016
Resch, Magnus: How To Become A Successful Artist. 216 Seiten,
    Phaidon, New York 2021 (*für Bildende Künstler*innen,
    Maler*innen)
Kleon, Austin: Show Your Work!: 10 Wege, auf sich aufmerksam zu
    machen – Zeig, was du kannst! 224 Seiten, Mosaik Verlag,
    Gütersloh 2016

Die nachfolgend aufgeführten Bücher befassen sich allgemein mit dem
Thema Online-Marketing, ohne dabei im Speziellen auf die Bedürfnisse
von Künstler*innen einzugehen:

Williams, Jim Gesine Hildebrandt: Schrift wirkt! – Einfache Tipps für
    den täglichen Umgang mit Schrift. 160 Seiten, Verlag Hermann
    Schmidt, Mainz 2012
Solmecke, Christian | Kocatepe, Sibel: Recht im Online-Marketing –
    So schützen Sie sich vor Fallstricken und Abmahnungen.
    1038 Seiten, Rheinwerk Verlag, Bonn 2018
Grabs, Anne | Bannour, Karim-Patrick | Vogl, Elisabeth: Follow me! –
    Erfolgreiches Social Media Marketing mit Facebook, Instagram,
    Pinterest und Co. 555 Seiten, Rheinwerk Verlag, Bonn 2018
Pahrmann, Corina | Kupka, Katja: Social Media Marketing – Praxishand-
    buch für Twitter, Facebook, Instagram & Co. 648 Seiten,
    dpunkt.verlag / O'REILLY Verlag, Heidelberg 2020
Löffler, Miriam | Michl, Irene: Think content! – Content-Strategie,
    Content fürs Marketing, Content-Produktion. 683 Seiten,
    Rheinwerk Verlag, Bonn 2020
Vassilian, Larissa: Podcasting! - Von erfahrenen Podcastern lernen.
    423 Seite, Bonn, Rheinwerk Verlag 2019.
Kmenta, Roman: Was soll ich bloß posten? – 150+ kreative Content-
    Ideen für Ihr Social Media- und Onlinemarketing. 168 Seiten,
    VoV media, Bad Vöslau AT 2020

Funke, Sven-Oliver: Influencer-Marketing – Strategie, Briefing, Monitoring. 301 Seiten, Rheinwerk, Bonn 2019

Heinemeier Hansson, David | Fried, Jason: Remote: Office Not Required. 256 Seiten, Vermilion Publishing, New York 2013

Heinemeier Hansson, David | Fried, Jason: It Doesn't Have to Be Crazy at Work. 234 Seiten, HarperCollins Publishers, New York 2018

Eschbacher, Ines: Content Marketing – Das Workbook: Schritt für Schritt zu erfolgreichem Content. 422 Seiten, mitp Verlag, Köln 2017

Abbildungsverzeichnis

Register aller Unternehmen, Online-Services & Tools

Adobe Stock (stock.adobe.com)
Alphabet Inc. (abc.xyz)
Amazon (amazon.com)
amazon music (music.amazon.de)
Anchor (anchor.fm)
Artnet (artnet.com)
Artsy (artsy.com)
AWS (Amazon Web Services)
 (aws.com)
Azure (azure.microsoft.com)
Bing (bing.com)
BoD Books-on-Demand (bod.de)
Buffer (buffer.com)
Canva (canva.com)
Canvy (canvy.com)
DuckDuckGo (duckduckgo.com)
Etsy (etsy.com)
Facebook (facebook.com)
Flickr (flickr.com)
Format (format.com)
fotocommunity (fotocommunity.de)
Getty Images (gettyimages.de)
Gmail (gmail.com)
GoDaddy (godaddy.com)
Google Fotos (photos.google.com)
Google-Suche (google.com)
Google Keyword-Planer
 (ads.google.com)
Instagram (instagram.com)
International Movie Database
 (IMDb) (imdb.com)
iStockphoto (istockphoto.com)
iTunes (itunes.com)
Jimdo (jimdo.de)
Later (later.com)
Linktree (linktr.ee)
MailChimp (mailchimp.com)
Netflix (netflix.com)
Outlook (outlook.com)
Patreon (patreon.com)

Pinterest (pinterest.com)
Portfoliobox (portfoliobox.net)
Rapidmail (rapidmail.de)
Saatchi Art (saatchi.com)
Shopify (shopify.com)
Snapchat (snapchat.com)
Soundcloud (soundcloud.com)
Spotify (spotify.com)
Squarespace (squarespace.com)
Steady (steadyhq.com)
Strato (strato.de)
TikTok (tiktok.com)
Twitch (twitch.com)
Twitter (twitter.com)
United Domains (united-
 domains.de)
Vimeo (vimeo.com)
WebFlow (webflow.com)
WikiMedia (wikimedia.de)
Wikipedia (de.wikipedia.org)
Wix (wix.com)
Woocommerce
 (woocommerce.com)
Wordpress (wordpress.com)
YouTube (youtube.com)

Sachregister

Der Autor

© by Bernd Arnold, Köln
(Kunsthaus Rhenania, Köln 2021)

Roberto De Simone hat an der Technischen Hochschule Köln Betriebswirtschaft und an der Universität Köln Spezielle Wirtschaftslehre studiert. Seit 2000 arbeitet er im In- und Ausland an digitalen Projekten in den Bereichen E-Commerce, Online-Produktmanagement, Online-PR und Online-Marketing.

Über seine Agentur *rodesi projects* (rodesiprojects.de) betreut er Kunstschaffende und andere Personen des öffentlichen Lebens rund um das Thema Online-Marketing. Zu seinem Portfolio gehören sowohl Newcomer als auch internationale Spitzenvertreter verschiedener künstlerischer Genres. Weitere Informationen zum Autor sowie Kontaktdaten finden Sie unter: rodesi.com.

rodesi projects ist eine Digitalagentur aus Köln.
Wir unterstützen **Kunstschaffende** und andere **Personen des öffentlichen Lebens** dabei,
ihre digitale Selbstdarstellung zu optimieren und auszubauen.

rodesiprojects.de

Wir erstellen und betreiben **Online-Kanäle** mit einem Fokus auf **Webseiten** & **Personal Homepages, Social-Media-Management, Content-Produktion** und **-Management** sowie Pflege von **Online-Werkverzeichnissen.**

hello@rodesiprojects.de